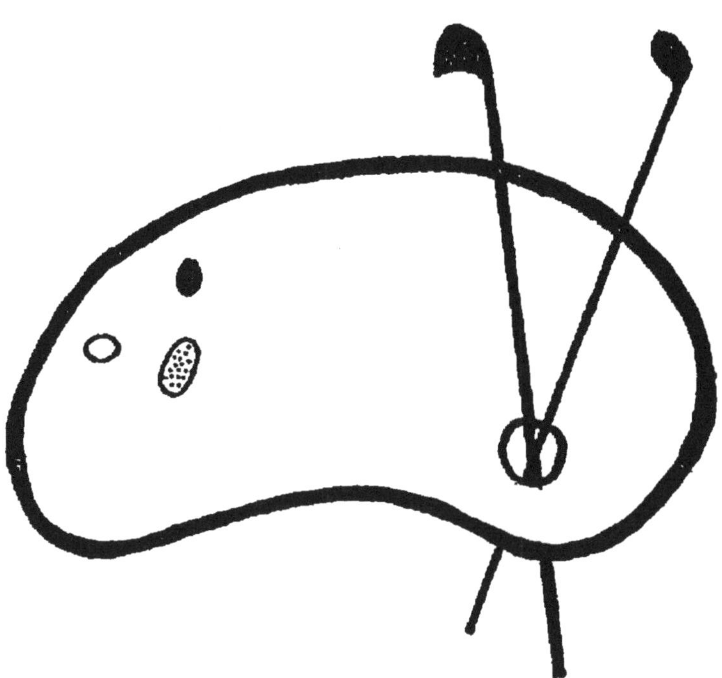

DEBUT D'UNE SERIE DE DOCUMENTS
EN COULEUR

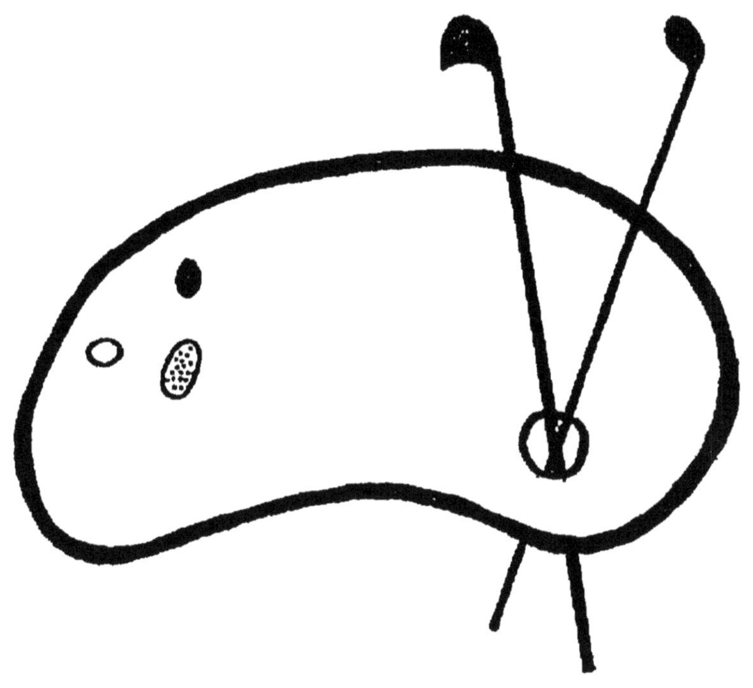

FIN D'UNE SERIE DE DOCUMENTS
EN COULEUR

LES FEMMES

ET

LA FIN DU MONDE

IMPRIMERIE CENTRALE DES CHEMINS DE FER. — A. CHAIX ET Cie,
RUE BERGÈRE, 20, A PARIS. — 1[illegible]240-6.

LES

FEMMES

ET LA

FIN DU MONDE

> Les hommes font les lois.
> Les femmes font les mœurs.

PARIS

CALMANN LÉVY, ÉDITEUR

ANCIENNE MAISON MICHEL LÉVY FRÈRES

RUE AUBER, 3, ET BOULEVARD DES ITALIENS, 15

A LA LIBRAIRIE NOUVELLE

1877

UN MOT AU LECTEUR

Ces pages ne sont sorties ni d'un accès de misanthropie, ni d'un excès d'amertume; elles contiennent le résumé d'une observation froide et patiente, et, si leur conclusion paraît rigoureuse, il faut s'en prendre à la gravité du mal, à cette logique inflexible, qui est la menace animée et comme la première sanction des faits.

La question des femmes grossit de jour en jour ; elle est devenue la véritable question sociale. Quand le Concile de Nicée mettait en doute que la femme eût une âme, il discutait une sottise double comme toute sottise théologique.

Non-seulement la femme a une âme, mais elle est l'âme même, la grande âme vivante, souffrante et triomphante de l'humanité ; elle est l'instrument vibrant sur lequel affleure et chante toute la poésie d'ici-bas. Dans une société digne de ce nom, la femme est le premier et le plus indispensable élément. Sans elle, l'humanité ne peut que pourrir sur place. Elle est le sel de la terre, la préservation mystérieuse, l'obstacle contre lequel se brise le flot montant de la barbarie, à ces époques climatériques où le progrès moral a de brusques reculs dans les appétits matériels.

Or, il n'y a presque plus de femmes, et bientôt il n'y en aura plus. — Le fait n'est pas sans importance. — Quand le charbon de terre aura disparu, nul doute qu'on le remplacera par un produit équivalent. La science est là avec ses ressources inépuisables; mais les femmes!...

L'espèce se perd de jour en jour, elle va dépouillant ses principaux attributs, elle se transforme, elle se dénature, elle se corrompt. Ce monde féminin qui, par ses côtés superficiels, a l'air d'une serre chaude, par son intimité profonde et gangrenée, est une clinique.

Voilà la vérité, et ceux qui, par habitude de vieille galanterie ou par simple tendance optimiste, voudraient l'enguirlander, compliqueraient un mensonge d'une maladresse. Le siècle veut de la couleur locale, n'est-ce pas, dans la morale comme dans le roman? Eh bien, en matière féminine, la couleur locale du siècle, c'est l'Hôtel-Dieu, en attendant l'amphithéâtre de dissection.

On peut encore s'arrêter, on peut guérir, on peut éviter Clamart, mais à condition de bien voir son mal et de porter le fer rouge dans la plaie; sinon la logique des faits dira son dernier mot sur la tombe d'une civilisation.

Ce livre se passera des pardons comme il se dispense des excuses. S'il a une valeur, c'est celle d'un procès-verbal : il n'attaque pas, il ne calomnie pas, — il constate.

LES FEMMES
ET
LA FIN DU MONDE

I

LA PREMIÈRE AUX PARISIENS

Parisien, mon ami, mon frère, toi qui m'as cent fois donné du feu sur le boulevard, et à qui j'en ai cent fois rendu, Parisien mon compatriote, mon contemporain, toi qui portes avec moi la livrée de la civilisation, des dorsays en hiver, des jaquettes en été et des gants à partir de midi, — qui t'es paisiblement ankylosé dans la vie de chaque jour, lentement assoupi dans la douce habitude et qui jouis maintenant de ta somnolence perpétuelle comme un joueur d'orgue de la manivelle qu'il fait tourner; — oui, joueur d'orgue transcendant; oui, perpétuel endormi; paralytique de la mode qui n'en as pas moins un cœur, une âme, une pensée; c'est à toi que je m'adresse, c'est toi que j'interroge : — As-tu aimé?

Ne souris pas d'un air de profondeur, — c'est inutile, et l'homme profond ne fait rien d'inutile. Ne mens pas sous prétexte d'indiscrétion, — ce serait ridicule, et un Parisien ne doit jamais rien se permettre de ridicule. Ne laisse pas éteindre ta cigarette, et même épargne-toi la peine de me répondre. — Tu as aimé, je le sais, j'en suis sûr... On n'est pas parfait.

Certes, nous sommes ici en plein sujet médical, et l'occasion est peu propice aux phrases de roman. Mais comment parler de la femme sans parler de l'amour? Il est vrai que le siècle s'est capitonné de philosophie et armé de positivisme contre les entraînements des Saint-Preux ou des Don Juan; mais enfin, tous tant que nous sommes, avocats, banquiers, notaires, maris blasés, célibataires repus,—avant le notariat, avant la banque, avant les plénitudes conjugales, avant les rassasiements des faux ou des vrais ménages, nous avons eu dans notre vie cet instant éphémère si doux, que nous aurions alors donné notre vie entière pour le prolonger.

Tous, même les prédestinés de la coulisse, même ceux qui devaient finir dans le scepticisme lourd de la quarantaine assouvie, ont eu leur minute d'Adolphe et de René. Tous ont poursuivi l'impossible, tous ont cru donner un corps à la chimère, et, si rapide qu'ait été cette seconde d'illusion, elle doit compter autant qu'un siècle; tous ont aimé.

Si froid maintenant que soit le regard, si sèche la main, si dépouillé le front, il y a eu un instant où le sang bouillonnait sous ces tempes maintenant amaigries, où un mot, un geste le faisaient affluer et battre violemment dans les artères. Ces yeux éteints qu'animent seulement les pâles colères de la déveine, les rages sourdes contre l'Égyptien qui baisse ou contre la rouge qui s'obstine, brillaient alors de ces premiers rayons, flammes chaudes de la vingtième année, où se fond la lueur de deux âmes.

Un serrement fugitif, un simple frôlement, le contact d'une robe, d'un gant donné, perdu, volé, que sais-je? ont fait tressaillir cette main de toutes les sensualités mystiques. Un souvenir toujours présent, un regard, une démarche, un son de voix, ont été l'obsession charmante de tant de nuits où flottaient les langueurs attiédies du rêve.

Tous ont aimé, tous ont connu la fièvre du cœur qui bat double, de la vie plus intense, tous ont traversé cette épreuve suprême, tous ont reçu ce baptême de l'amour, qui est le véritable sacrement de l'idéal. Et ce souvenir persiste au fond de l'âme comme la cicatrice d'une blessure ancienne prête à se rouvrir.

Oui, Parisien, mon ami, mon frère, mon contemporain, mon compagnon dans cette vallée de larmes semée d'oasis, tu n'as pas toujours été le mannequin exsangue, l'automate régulier que nous voyons, tu as vagabondé dans l'azur; loin, bien loin de Brébant, tu as poursuivi une vision chère, tu as cru l'atteindre, et de cette seconde flamboyante il t'est resté dans les yeux une tache lumineuse, comme aux imprudents qui regardent le soleil en face. Cette tache-là, tu la reverras toujours, toujours elle voltigera devant toi : c'est l'idéal.

Donc, tu as aimé, tu as le souvenir, tu as la tache, tu as le point de comparaison. Et maintenant, dis-moi, aimerais-tu encore ?

Ne te presse pas de répondre. Continue de fumer ta cigarette ; au besoin, prends-en une autre. Tu as le temps. Il faut que je t'amène le modèle, la Galatée, la femme que tu aimeras, — si tu aimes, — que je te la présente et te la détaille.

Sois tranquille ; d'ailleurs, je ferai les choses de mon mieux. Je l'ai choisie de condition moyenne, — c'est une bourgeoise — d'âge raisonnable, elle a vingt ans...

Eh bien, qu'as-tu, pourquoi réclamer ? Est-ce que mon devis n'est pas exact ? Vingt ans, mon cher, aux derniers lilas ! Ah ! oui, j'entends, c'est le maquillage qui t'étonne. Sous le fard il n'y a plus d'âge, mais c'est que aussi il n'y a plus d'âge pour le fard. A peine sorti du lait de la nourrice, on tombe dans le *lait virginal*, dans le blanc de perle, dans les cold-creams. Voici le siècle de la parfumerie, surtout de la parfumerie externe, je veux dire du maquillage. Jamais on n'a fait une telle consommation de roses et de lis artificiels, jamais on ne s'est aussi minutieusement tatoué, aussi consciencieusement inondé, aussi copieusement enduit de liquides divers et de crèmes variées.

Bals officiels, réunions privées, ventes de charité ou retour des courses, régarde à droite, à gauche, en haut, en bas de l'échelle, c'est partout le même spectacle. Choisis dans la fleur du panier ou prends au hasard, sur cent femmes à peine en verras-tu dix qui se contentent de leur épiderme. L'immense majorité, à grand renfort d'onguents, se compose une sorte de glacis, d'apprêt extérieur d'une épaisseur souvent fort appréciable. Aujourd'hui toutes les femmes sont empesées.

Du reste, le déshabillement prenant des proportions plus vastes, la compensation s'opère : ce qu'on retire au costume, on l'ajoute au maquillage. Les optimistes prétendent que tout est pour le mieux, l'équilibre se trouvant ainsi rétabli. Qu'en penses-tu? Pour moi, je voudrais qu'on ne s'arrêtât pas à mi-chemin et qu'on essayât d'atteindre le comble de l'art. On pourrait demander conseil aux populations océaniennes, qui ont élevé le tatouage à la hauteur d'une institution. C'est là qu'on trouvera des renseignements exacts, des traditions établies.

Chez nous, c'est encore l'enfance de l'art : du rouge sur les pommettes, du noir autour des yeux, mais pas de nuances, pas de combinaisons! Comme une sauvagesse d'Australie se moquerait d'une Parisienne aussi sommairement peinturlurée! Si l'on compare l'une et l'autre race, notre infériorité n'est pas discutable. Nous en sommes restés à la peinture en bâtiment, au simple badigeonnage. Les Océaniennes font œuvre d'art, mais, chez nous, on remplace la qualité par la quantité.

Je vois arriver le moment où, pour simplifier à outrance, ces demoiselles — y compris ces dames — prendront matin et soir un bain de blanc de perles. Je n'oublierai jamais ce mot d'une ingénue pur sang : — bonne famille, excellente éducation, couvent des oiseaux et pas de petits-cousins, — à qui je faisais des observations, d'ailleurs timides, sur cette fièvre de lait virginal et d'onguents variés :

— Comment, monsieur, vous voulez que nous sortions toutes nues!

C'était la voix de la pudeur!

En revanche, quel progrès dans l'art du déshabillement et combien les procédés modernes l'emportent sur la méthode primitive des populations australiennes! Là-bas un pagne en mousseline avec une ceinture de perles; la femme ne veut rien de plus pour n'être pas habillée du tout. Chez nous, l'absence de costume est autrement compliquée. On raffine le néant. Et si tu veux que je te livre le secret, il est bien simple.

Tout souligner sous prétexte de cacher quelque chose. Regarde mon modèle. Est-il nu? Non. Est-il habillé? Moins encore. Il est souligné.

Inspecte, regarde, dévisage, à droite, à gauche, devant, derrière, autant de détails, autant de coups de crayon. Vois le pouff, ce surmoulage de la nature. En vain les couturiers ont-ils voulu se liguer contre lui, il n'a cédé qu'à demi; moins épanoui, il remplit mieux son office; il souligne.

Pour le devant : c'est autre chose. Les jambes sont retenues par un tablier-vélum qui ne leur permet de se mouvoir qu'à la condition de dessiner le plus possible les formes qu'il a pour mission de couvrir. Système ingénieux! Il nécessite, d'ailleurs, toute une armature spéciale, plus une foule de mouvements aussi réitérés que tournants pour ne pas s'embarrasser dans la traîne.

Quant au reste... Ah! le reste, il y a un peu de tout là-dedans, du moyen âge, de la renaissance, de l'étrusque, du pompéien, de l'andalous, du japonais, la tour de Babel du costume.

Et maintenant, Parisien, mon ami, tu es averti : l'annonce est terminée, la présentation est faite. Ce fouillis ondoyant, cascades de soie et de dentelles, déchiquetages et découpures, plissés, ruchés, tabliersvélum, cette coiffure qui est un casque, cette tunique qui est un monde, ce pouff qui est un chou, — c'est la Parisienne.

— Cela, la Parisienne! Jamais! Cet amas de chiffons, ce fouillis d'extravagances, pelisse hongroise, veste de Palikare, épaulettes, brandebourgs, — gilet, — un vêtement qui n'est ni masculin ni féminin, l'uniforme d'un troisième sexe, — cette anatomie monstrueuse, ces gonflements d'Aphrodite hottentotte, ces renflements de Vénus Callipyge, ce mensonge perpétuel, cette caricature impudente où l'indécence se noie dans le ridicule, cela la Parisienne? allons donc!

Parmi tous les êtres créés, la Parisienne était un être à part; de beauté, elle n'en avait pas besoin, tant elle était riche de grâce et de goût. Le pied le plus cambré, la main la plus petite, la taille la plus flexible et quel minois! Mais où elle était inimitable, c'était dans la mise. Un nœud de ruban, un morceau de chiffon, une robe à vingt-cinq sous le mètre, tout cela, quand sa main l'avait chiffonné, vous avait un air... Cela resplendissait comme la robe du soleil, et séduit par cette grâce simple, élégante, chacun disait : « Voici la reine !.. »

Parisien, mon ami, mon frère, tu as raison et tu as tort. Raison de te plaindre, car le modèle que je te présente ne répond plus à ton idéal. Tort de t'emporter, car, avec la meilleure volonté du monde, je n'ai pas autre chose sous la main et je ne sais que t'offrir.

Hélas ! la reine a abdiqué. Et c'est bien simple ! Sais-tu pourquoi la Parisienne a disparu ? La Parisienne était la femme par excellence, et la femme n'existe plus.

Sans doute, la place n'est pas restée vide. On a remplacé la femme par quelque chose d'hybride, d'artificiel, de merveilleusement articulé, de brodé sur toutes les coutures, de doré sur toutes les tranches. Il n'y manque guère que la réalité et la vie. Épiderme, chevelure, jusqu'à la couleur des yeux, on change tout. Il n'y a plus que l'extérieur. Le costume extravagant, les tournures en dos de chameau, les bottines à talons ciselés ont pris sur les imaginations un tel empire que la jeunesse, la beauté, la distinction sont devenues des qualités accessoires.

C'est ainsi pour tout. Et même, puisque te voilà dans le marasme, Parisien à qui je n'ai pu rendre sa Parisienne, puisque te voilà triste comme un tome dépareillé, veux-tu faire un peu de philosophie et d'histoire? Remontons aux sources, et, pour que le procès soit sérieux, reprenons l'instruction au début. Je veux d'ailleurs te convaincre que, dans cette transformation, dans cette corruption de la femme, toi aussi tu as joué ton rôle. Tu es une victime, soit, mais tu es encore un complice, Parisien mon ami, mon frère, viveur endurci, — amoureux blasé, — bourgeois relaps.

II

LES ORIGINES

C'est un point d'histoire et aussi une question de responsabilité. A quel instant précis du XIXe siècle commence cette lente agonie de la femme, dont nous voyons aujourd'hui la crise aiguë ?

La grande et violente transition d'une société à l'autre, la Révolution, est hors de cause ; elle a pu faire souffrir la femme, soumettre à de cruelles épreuves ses sentiments et ses affections les plus chers ; elle ne lui a épargné ni la prison ni l'échafaud. En somme, loin de l'atteindre ni de la diminuer, elle l'a exaltée, elle l'a grandie.

Dans l'un et dans l'autre camp, le courage est le même ; mademoiselle de Sombreuil vaut madame Roland, qui, à son tour se place sur la même ligne que Charlotte Corday : jacobines, royalistes, girondines, au milieu de toutes ces divisions politiques, dans ce flux et ce reflux incessants qui battaient le pied de la guillotine il n'y a guère qu'une véritable unité, mais dont la tradition se conserve intacte et pure, durant toute la période révolutionnaire, celle de l'héroïsme féminin. Plus divisées encore que les hommes sur les nuances politiques, exagérant chacune dans son sens et suivant le sentimentalisme de son sexe soit l'enthousiasme libéral, soit l'ardeur réactionnaire, séparées par des abîmes, en revanche, les femmes s'avancent admirablement pour mourir.

Aussi, est-ce encore une époque de respect, malgré ces âpretés et ces violences. La femme en sort meurtrie dans sa chair, éprouvée dans ses affections, et même enlevée à son rôle naturel, mais déclassée à une telle hauteur, que ce déclassement a l'air d'une apothéose.

Voilà pour la période révolutionnaire; l'époque qui suit, le temps des guerres européennes devait amener une réaction ; l'héroïsme militaire, exclusivement masculin, allait faire descendre la femme de son piédestal et la rendre au foyer, un peu désert il est vrai.

Pourtant, ce n'est ni le premier empire ni le beau Dunois qui ont commencé à tuer la femme. Non certes que le beau Dunois fût le modèle des amants ou des maris. Soldat par métier et par habitude, il n'était chevalier et troubadour qu'à de très-courts intervalles, et quand le canon se taisait. Alors, entre deux victoires, entre deux capitales conquises, il montait à cheval, arrivait à Paris, tombait « aux pieds de la beauté », chantait précipitamment sa romance, la romance de l'étrier, et repartait, comme il était venu, à la recherche d'un nouveau grade ou d'un dernier boulet de canon.

Mais cet isolement relatif de la femme n'était pas pour la rabaisser ; vue, entrevue pour mieux dire à de très-longs intervalles, elle n'en gardait que mieux son caractère sacré d'épouse et de mère. Dans ce formidable massacre du premier Empire, dans ces guerres incessantes où coulait le plus pur du sang français, elle restait la faiseuse d'hommes, l'*alma parens* par excellence ; il fallait bien que Dunois la respectât, au moins comme un objet de première nécessité.

Il y eut réaction dans un autre sens,

lorsque, après les splendeurs militaires du premier Empire et la débâcle de l'invasion, se leva le soleil littéraire de la Restauration, les femmes tournèrent aux muses, mais sans dommage apparent, muses un peu sculpturales, un peu théâtrales, un peu excessives : qui le nie? Il y avait de la recherche dans leurs poses, de l'affectation dans leur attitude, dans leurs sourires et surtout dans leurs larmes, perles rares qui scintillaient le soir à l'éclat des lustres entre leurs cils dorés. Absolument corrigées d'Austerlitz et d'Iéna, elles donnaient dans le sentimentalisme vague, dans les âmes sœurs, dans l'azur moutonné de la littérature allemande; elles voyaient presque toutes un Oswald à l'horizon. Où est le mal ?

Oswald, à cette époque, n'était-il pas un progrès, une victoire remportée sur le beau Dunois? Dunois était revenu pendant si longtemps de Marengo, d'Eylau, d'Iéna, de Friedland, couronné de lauriers et avec les épaulettes de général, qu'il était indispensable d'opposer Oswald à Dunois, le pékin idéalisé au vainqueur militaire.

Au demeurant, un idéal remplaçait l'autre, sans que la femme en souffrît; ces régions supérieures, ces limbes séraphiques où passait l'écho attendri des méditations lamartiniennes, étaient encore une patrie. Peu à peu le mouvement s'accentua dans le sens de l'exagération : au début du gouvernement de Juillet, madame de Staël était tout à fait oubliée, et ce qui dominait alors, au milieu des sectes éclectiques, c'était l'influence de Chateaubriand. On souffrait du mal de René, maladie étrange, dont on se plaignait avec fracas, et dont, pour rien au monde, on n'eût voulu guérir; le vent était aux mélancolies de parti pris, aux désespoirs sans cause; les chants avaient cessé ; assis à l'écart, on contemplait la nue fugitive, et, dans l'ivresse de ses douleurs, on se serait volontiers écrié, comme le frère d'Amélie : « Heureux ceux qui ont fini leur voyage sans avoir quitté le port et qui n'ont point comme moi traîné d'inutiles jours sur la terre ! »

Cet assombrissement soudain de l'horizon, cette invasion des ténèbres sentimentales, tout en modifiant le décor, ne changeaient rien à la latitude. Plongée ou non dans les brouillards d'Inistore, la femme restait encore sur un piédestal. Il fallait l'apogée de la bourgeoisie triomphante au milieu même de la monarchie de Juillet, pour lui porter un coup fatal et la faire descendre de ces hautes régions.

Après Dunois, après Oswald, après René, le bourgeois arrivait. Heureux et funeste bourgeois, triomphateur désastreux, héros de boutique, qui succédait aux héros de roman, et qui allait déplacer singulièrement l'idéal.

A peine maîtresse du terrain, la bourgeoisie glisse aux bassesses de l'égoïsme ; elle échoue dans les puérilités encombrantes des orgueils de parvenus ; elle fait bon marché des rêveries sentimentales et des dixièmes Muses ; en revanche, elle a le culte du décor, de la grosse richesse, du luxe matériel, apparent et ressortant ; on lui sacrifie tout le reste, et, par un contre-coup trop naturel, la femme descend à mesure que monte l'esprit bourgeois.

Que voulez-vous? on a tant répété sur tous les tons que la jeunesse n'a qu'un temps, que le monde se fait vieux avant l'âge ; on a tant prêché le culte de l'utile et de l'intérêt, qu'on jette à la porte du panthéon nouveau la poésie, l'amour, l'enthousiasme et toutes les divinités de l'idéal. Si l'obermanisme existe encore quelque part, ce n'est plus que dans les couplets de faiseurs de romances, dans l'album de Loïsa Puget ; les Muses se marient avec des industriels, les enfants sublimes font place aux pianistes chevelus.

Ce monde bourgeois, vainqueur sur toute la ligne, n'a plus que des ridicules qui lui appartiennent; il extirpe de son cœur toute passion compromettante, il encourage les opéras italiens et la littérature à la portée de toutes les intelligences. Le niveau baisse et s'étend. Déjà apparaissent les contrefaçons, les imitations maladroites; les derniers rangs de la bourgeoisie, pris du désir de briller, se laissent aller à une fièvre d'imagination, naturellement réduite aux convoitises les plus mesquines, aux appétits de faux luxe. Le grand mot de M. Guizot, le mot irréparable et fatal qui pèsera sur cette mémoire : « Enrichissez-vous ! » devient la devise générale. Il faut s'enrichir, ou du moins faire croire qu'on est enrichi.

Première atteinte portée à la femme : ce n'est plus une mère, ce n'est plus une Muse. C'est déjà un objet de luxe et de décor. Et, à mesure que les appétits s'étendent, les charges deviennent plus lourdes, la cherté croissante augmente, pèse sur le budget. La classe moyenne commence à quitter ses anciennes traditions de probité modeste et de confortable solide pour entrer dans cette existence artificielle, dans ce milieu factice, où toutes ses satisfactions de vanité se compenseront par une diminution du ménage, par une dégradation de la famille.

Voilà les premières origines ; mais, pour fixer la date précise où commence ce phénomène, la disparition de la femme, il faut se reporter à la brillante période du dernier régime, à cet instant de prospérité financière, d'exaltation industrielle, de spéculation transcendante, où la France, veuve de la liberté, se précipitait avec furie dans l'agiotage. C'était le rêve des *Mille et une Nuits* réalisé en pleine lumière d'apothéose, à la clarté des feux de Bengale ; une féerie dans les caves de la Banque de France, Ali-Baba complété par Ruggieri.

On tambourinait par toutes les rues les entreprises les plus fantastiques ; sur des affiches larges comme le boulevard, on promettait des dividendes gros comme la Madeleine : sociétés en commandite, sociétés anonymes, tout se transformait en actions : mines de bitume dans la presqu'île de Gennevilliers, gisements de houille sur les coteaux d'Argenteuil ; le pavé de zinc ne fut plus un songe.

L'argent sortit de toutes ses retraites, et, devant cette invasion, une hausse colossale se produisit instantanément; on vit la valeur des immeubles doubler, et les locations tripler de prix.

Le reste suivit le mouvement. Toute littérature à part, on put pleurer le beau temps à jamais disparu de Paul de Kock, l'époque radieuse où le chantre de *la Laitière de Montfermeil* commençait ainsi un de ses romans : « Gustave avait dix mille livres de rente, un entre-sol rue du Helder, un groom, un coupé et une maîtresse qui s'appelait Alphonsine. » Heureux Gustave, d'avoir tant de choses pour dix mille francs!

Hélas! Gustave datait des premiers jours de 1830. Vingt-cinq ans plus tard, les dix mille francs de Gustave n'auraient plus suffi au seul logement d'Alphonsine; ils ne suffisaient pas davantage à l'entretien d'un ménage sérieux. Si les recettes avaient augmenté d'un tiers, la cherté générale avait triplé et l'équilibre était détruit.

On était pris dans un engrenage de dépenses, entraîné par une fièvre de luxe chaque jour plus furieuse. Il fallait briller « pour se maintenir au niveau ». La classe moyenne n'hésita pas, et d'un bond courut à sa ruine. Sous l'âpre flagellation d'un orgueil exalté par l'exemple, exaspéré par la concurrence, aiguillonné sans cesse par les mille piqûres des rivalités féminines, on vit ce monde, jadis modeste, abandonner l'économie traditionnelle et viser au clinquant.

Émile Pereire put dire ce mot célèbre : « Dans trente ans il faudra au moins vingt-cinq mille francs de rente pour pouvoir vivre à Paris comme un gueux. »

Comment suffire aux dépenses d'un budget extraordinaire, devenu budget normal?

Madame Benoîton y parvenait, grâce aux sommiers élastiques de M. Benoîton (des sommiers); mais les autres, les cousines moins favorisées, comment faisaient-elles pour suppléer au vide de la caisse conjugale? A défaut des sommiers maritaux, il fallait bien en trouver d'autres, et l'on en trouvait.

Et c'est comme cela que mesdames Benoîton étaient toujours sorties. Le signe caractéristique de la femme de ce temps-là, c'est de n'être jamais chez elle. Elle est chez le couturier, chez le parfumeur, chez l'émailleuse, à moins qu'elle ne soit ailleurs.

La vérité est qu'elle est souvent ailleurs. Cet ailleurs-là, plus ou moins dissimulé, est le but véritable, le but nécessaire de ces sorties incessantes: il est aussi la seule explication de ce fait anormal : étant donné un budget restreint avec une dépense excessive, deux termes contradictoires, il y a une inconnue à dégager du problème; cette inconnue, c'est l'ailleurs inévitable, pour ne pas dire l'amant inévité.

Et Mr Benoîton, que devient-il dans tout ceci? S'il est clairvoyant et lâche, il accepte l'inconnue et ne détaille pas le budget; s'il est sot et crédule, les moindres précautions suffisent pour l'abuser. Dès que la femme a mis un doigt dans l'engrenage, en avant les connivences honteuses, les prix de complaisance, le hideux compérage des fournisseurs, et, pour finir, les subventions de l'amant impudemment étalées sous l'œil attendri de l'époux.

La voilà, cette prospérité tant vantée, traduite immédiatement par une vaste corruption. Ceci, pour la classe moyenne, pour le monde des Benoîtons, des Formichels. Dans les régions de la fortune plus large, le mal est venu aussi d'ailleurs; il est venu de l'étrangère.

L'étrangère, ce type hors cadre, à qui manque un Balzac, et qu'a manqué Dumas fils, l'étrangère a été l'épidémie, le choléra social. C'est l'étrangère qui a importé le demi-monde dans le haut monde.

Ah! l'heureux temps! et qu'il a laissé de joyeux souvenirs! nous étions les frères de l'Europe, et les sœurs à leur tour d'accourir. Il en venait des quatre coins de l'horizon : de la Sprée, de la Vistule, du Volga et du Danube, comtesses en ki, baronnes en koff, princesses de toutes terminaisons, sinon de toute authenticité.

On n'était pas difficile sur les parchemins, l'accent servait de blason. Il y en avait pourtant de véritables : tout un charmant troupeau que l'Almanach de Gotha secouait sur Paris, et ce sont celles-là peut-être qui firent le plus de mal. Rappelons-nous les grands défilés dont le reportage officieux soulignait les nudités. Rappelons-nous ces soirées tambourinées par la presse, et où l'on chantait tout le répertoire de l'Alcazar.

Que voulez-vous? on les avait lâchées en pleine liberté au beau milieu de nos mœurs, de nos habitudes ; on leur avait dit, en leur montrant ce magasin d'antiques bibelots : « Vous êtes chez vous; jouez, cassez, brisez, faites à votre guise », et ces enfants gâtées mirent en pièces toutes nos chinoiseries : elles s'amusèrent à confondre les rangs, les modes, les mœurs, sans souci de la concurrence déloyale qu'elles allaient faire à ces demoiselles, dont elles singeaient les toilettes, les façons et le langage. Elles copièrent le décor et quelque autre chose avec.

Ce sont elles qui inventèrent « la note gaie », qui n'avait rien de commun avec ce qu'on a souvent appelé la vieille gaieté française. La note gaie, institution toute nouvelle, peut moins se définir que s'expliquer par les résultats. Dans le roman, c'est la littérature de boudoir ; au théâtre, c'est l'opérette ; dans le journal, c'est la chronique intime, cuisinée par des reporters d'alcôve ; dans les cercles, ce sont les tableaux vivants ; dans les arts, c'est la pornographie tenant lieu de tout le reste.

De gaieté vraie, aucune trace. Ni le XVIe siècle, ce temps du rire épanoui, ni le XVIIIe, cette époque du rire sceptique, n'avaient connu ce singulier mélange de débraillé et de puérilité, ces amusements nerveux jusqu'à la fièvre. Il y avait là une société qui voulait vivre pour vivre, sans autre préoccupation que celle de l'heure, du moment, de la sensation présente.

Phénomène tout nouveau qui ne s'expliquait que par la crue continuelle de ce bourbier international, où toutes les races se fondaient, s'harmonisaient dans une communauté irresponsable.

III

AUJOURD'HUI

Telles sont les origines. Parties de ce point de départ, obéissant à la loi physique des décadences progressives, il n'est pas étonnant que la bourgeoisie moderne, le ménage, la famille aient abouti à ce gâchis de corruption où tous s'enfoncent, dont tous se plaignent et où tous finissent par succomber.

Chute logique qui permet les regrets, surtout les repentirs et pas autre chose. Ce qu'il y a en effet de surprenant dans cette étrange époque, c'est encore l'étonnement de ceux qui ont commencé la décadence sans le vouloir, qui la précipitent sans le savoir et qui s'efforcent d'y échapper sans le pouvoir : hier acteurs inconscients, aujourd'hui spectateurs ébahis, demain, sans doute, victimes gémissantes. Au demeurant, des semeurs de la veille qui moissonnent leur juste récolte.

Pourtant on aurait pu réagir. Au lendemain de la guerre, les moins optimistes espéraient une régénération par la souffrance. Les leçons terribles de 1870 n'allaient-elles pas démontrer aux plus sceptiques la nécessité de refaire par la famille des soldats et des citoyens? Six ans déjà se sont écoulés, on a accompli de grands progrès, opéré de sérieuses réformes, on n'a ni reconstitué la famille ni relevé le foyer.

La stagnation continue. La tempête de 1870 a passé comme une rafale sur ces eaux basses et troubles sans purifier le fond vaseux des vanités et des égoïsmes bourgeois ; le goût du décor est plus intense que jamais ; on n'a jamais tant sacrifié aux caprices de la mode, à ses fantaisies ridicules, à ses exigences ruineuses.

Rien de plus effrayant que le budget d'un ménage parisien en l'an de grâce 1876. — Nous entendons le budget du superflu, ne voyant guère que celui-là qui compte : à vrai dire, il compte bien pour deux. Aucun des articles désastreux qui y figuraient jadis n'a subi de diminution. Au contraire, chapitre des chevaux et des voitures, chapitre des toilettes et des soirées, chapitre des appartements et de la villégiature, tout a suivi une progression logique... Il n'y a que le chapitre des enfants qui ait perdu. Nous y reviendrons plus tard.

Ce qui domine dans cette recherche perpétuelle de la représentation à tout prix, c'est le goût du faux, l'inconscience, l'ignorance absolue des premières conditions de la dépense bien comprise et du luxe intelligent. Nous sommes aussi loin de ce confortable solide des intérieurs hollandais que de la splendeur artistique des cités italiennes de la Renaissance. Chez les armateurs d'Amsterdam, le luxe était une affirmation de force, le développement d'une richesse qui, sans cela, eût tourné à la pléthore. Sous les Médicis, il répondait au réveil des esprits; il en était comme l'épanouissement naturel et la floraison spontanée. La révélation du beau se produisait chez tout un peuple, dans toute une histoire.

Splendeurs éteintes! Il est difficile de savoir à quoi répond le luxe moderne et ce qu'il représente. Et même serait-il fâcheux qu'il représentât quelque chose, tant il est vide et creux, théâtral et faux.

Prenez, par exemple, les habitations contemporaines, ces boîtes à compartiments dont les dimensions mesquines, les mobiliers exigus, les dorures banales, les moulures à la douzaine, les marbres communs et les stucs de pacotille sont le comble de la distinction. Qui a vu une de ces demeures fastueuses et médiocres en a vu mille. Contenant et contenu, appartements et mobiliers, bronzes et capitonnages, tout est fait sur le même modèle, c'est-à-dire que tout est sacrifié à l'apparence. Quant à l'originalité, elle n'occupe personne, et personne ne s'en préoccupe ; la durée elle-même n'a qu'une importance relative ; on fait une architecture et un art passagers, pour une société éphémère. Façades en simili-marbre, vases en simili-pierre, grilles en simili-bronze comme dans la maison de Morisson. C'est le comble de l'art, et c'est l'art moderne.

Les mœurs devaient naturellement répondre à ce cadre criard et faux, s'harmoniser avec ce luxe bâtard. Et, en effet, l'étalage est resté à l'ordre du jour. Et c'est la femme qui l'a donné le plus haut, complice et victime, idole et coupable.

La femme est devenue une sorte de poupée artificielle, un être factice, sans existence propre, sans aucune de ces facultés personnelles qui constituent l'épouse et la mère. Peu à peu ce mot bourgeois mais expressif, l'*intérieur*, a perdu sa signification première ; à mesure que l'intérieur disparaissait, qu'on sacrifiait tout à l'apparence, la femme se transformait en meuble de montre et de parade ; elle arrivait, par de lentes transitions, à dépouiller tous ses anciens attributs, pour n'avoir plus qu'un rôle de coquetterie transcendante et de représentation continue.

Si vous voulez vous rendre compte du degré d'exaspération où est parvenue cette passion de l'étalage, allez aux Champs-Élysées voir un retour de courses. A ce moment où tout est terminé, c'est alors que tout commence. N'est-ce pas l'instant du défilé, et, au fond, toutes ces belles promeneuses ne sont-elles pas venues dans le seul but de se montrer? A l'aller, on est forcé de marcher vite, et puis les spectateurs ne sont pas encore à leur poste d'observation; au retour, on est forcé d'aller lentement, — douce contrainte, — et, depuis la grande cascade jusqu'à la place de la Concorde, il y a une haie d'admirateurs. Le défilé est la véritable raison des courses, leur raison suffisante. En Angleterre, on est sportsman par croyance; ici, on l'est par ton; chez nos voisins, l'hippodrome est un devoir et une passion; chez nous, c'est une mode. Et le propre d'une mode est de s'étaler le plus possible.

Je dis cela pour la mode du turf; je pourrais le dire pour toutes les autres modes qui mettent à profit cette occasion superbe de s'affirmer au grand soleil. En fait de costumes, ces dames ou ces demoiselles, — c'est tout un maintenant, quant à l'enveloppe, — tournent de plus en plus à l'étalage; on met toutes voiles dehors, on agrémente tous ses mâts; de la poupe au beaupré, « ce ne sont que festons, ce ne sont qu'astragales », et quelles marchandises, si l'on en juge d'après les pavillons! Il y en a de superbes, véritables pavois de jonques orientales, bleus, verts, rouges, multicolores.

Peut-être cependant, au milieu de l'anarchie générale, la mode penche-t-elle trop vers les chinoiseries. L'Empire n'est plus, mais les couturières le remplacent abondamment par le Céleste-Empire. Si l'on faisait l'essai d'une mode républicaine? D'abord, ce serait plus constitutionnel...

La crème monte, monte toujours. Vous

connaissez cette nuance indécise qui tient à la fois du café au lait où il y a trop de lait, et du thé à la crème où il y a trop de thé. Dans le principe, cette vague blonde était un flot timide qui n'osait encore s'épancher, qui se contentait de couvrir furtivement quelques rubans, quelques corsages; maintenant, elle s'étend sur les toilettes entières. C'est la nuance dominante, et, comme toutes les parvenues, elle abuse de son succès; elle noie les teints roses, elle jaunit les teints bruns, elle convient à peine à une femme sur vingt. Mais c'est la mode.

Une autre innovation est celle des ombrelles rouges, aimable réduction du parasol antédiluvien, qui couvrait jadis, qui couvre encore les éventaires des marchandes de légumes. J'imagine que cette nuance coquelicot aura frappé un marchand de parapluies, un beau matin qu'il traversait les Halles. Il y a de ces inspirations de génie.

Ainsi Brummel, avisant un jour la toile d'emballage qui couvrait les marchandises d'un tailleur se commanda un costume complet dont s'empara bientôt la fashion. Le costume de Brummel était d'ailleurs brodé sur toutes les coutures ; les ombrelles coquelicot le sont aussi. D'ensemble et en gros, je ne prétends pas que ce soit joli... mais cela se voit de si loin et donne tant d'animation au visage !

Je n'en ai pas fini malheureusement avec le reliquat de mes observations. Nous avons parlé des ombrelles coquelicot et des robes crème. Arrivons maintenant au repoussoir. La crème est une paysannerie, le coquelicot en est une autre; tous deux sont des modes éphémères et qui vivront à peine l'espace d'une saison. Le repoussoir mérite qu'on en parle avec plus de respect. Le repoussoir est une institution.

Antithèse ambulante, et j'ose dire tableau

vivant! Regardez au fond de chaque calèche, interrogez d'un œil attentif ces chars plus ou moins numérotés qui, d'ailleurs, ne sont pas là pour se cacher. Le décor est toujours le même. Sur le premier plan, bien en vue, une robe à la dernière mode, une tunique de Worth, un chapeau qui a l'air d'une jardinière et qui retombe jusqu'au pouff, un pouff qui a l'air d'une ruche et qui grimpe jusqu'à la jardinière. Ajoutez-y le pavillon, l'enseigne, le panache rouge, l'ombrelle cramoisie, vous aurez, en gros et en détail, le personnage principal qui se détache en pleine lumière.

Voyez maintenant, au second plan, cette robe sombre, de couleur indécise, qui paraît taillée dans un waterproof, ce corsage couleur de muraille ou couleur de pluie, cet à peu près de chapeau maigre et piteux, qu'on croirait acheté au Temple; le tout installé un peu en arrière, au fond de la voiture, dans une attitude résignée?

Cela, c'est le constraste, c'est le repoussoir, c'est l'accessoire indispensable aujourd'hui à toute femme qui se respecte ; c'est le rideau sombre, c'est la toile de fond destinée à faire ressortir l'auréole. Ainsi marche le progrès. Jadis, quand une femme avait son groom, son cocher et ses deux pur sang, elle possédait tout son mobilier domestique ; maintenant, il lui faut ajouter le repoussoir.

La mode est générale : sur le turf, pas une de nos élégantes qui ne soit savamment « repoussée » ; grandes et petites dames, la fleur des pois et les pêches du moindre espalier, toutes se ménagent cet habile effet d'optique, cette perspective avantageuse. Les célébrités mêmes se soumettent à la règle et ne veulent pas se fier à leur seul éclat.

Encore une fois, il ne s'agit plus d'une mode, mais d'une institution, il faut bien s'y résigner. On me permettra cependant de trouver qu'une telle compagnie, aussi obligatoire que celle des confidentes de tragédie, est une compagnie fâcheuse. Coûteuse aussi. Les femmes du monde peuvent, il est vrai, utiliser pêle-mêle leurs vieilles robes et leurs vieilles cousines pour cet honorable emploi, et elles les utilisent. Mais ces demoiselles sont forcées de recourir à la location, et je vois l'instant où, grâce au surcroît des demandes, un repoussoir convenable sera hors de prix.

Ce qui ressort le plus clairement de ce tableau rapide, c'est que la Parisienne est l'esclave du couturier. De toutes ses servitudes, aucune ne s'impose aussi violemment, aucune ne persiste avec autant de continuité. Elle s'attache à elle, la suit et l'accompagne jusque dans le second acte de la vie mondaine : la villégiature.

Jadis, aller en villégiature signifiait aller à la campagne. Je retrouve dans une comédie de M. Camille Doucet, qui est académmicien, comédie datée d'il y a vingt-cinq ans, ce joli dialogue plein de couleur locale et de poésie.

LE DUC.

Si M. Dubreuil aime à montrer son château,
Nous le visiterons. On dit qu'il est fort beau.
Je tiens à voir son parc; on dit qu'il est superbe ;
Êtes-vous campagnard, Lambert?

LE GÉNÉRAL.

J'aime assez l'herbe !

On aimait l'herbe dans ce temps-là ! Nous avons tout changé. Aujourd'hui on néglige cette bonne herbe tendre, ce lit de repos toujours préparé; on dédaigne l'herbe et tout ce qui s'ensuit, les grands bois, les sources vives, les tapis de gazon, les cascades murmurantes, les déjeuners sur la mousse, les promenades sous les allées ombreuses.

En revanche, on aime les plages nues comme un portrait de madame la princesse ***; on aime les galets bien pointus et bien durs, les sables bien secs et bien brûlants; on aime les chalets glacials le soir, torrides le jour; on aime le casino où le même vieil orchestre ressasse à perpétuité les mêmes vieilles contredanses. On aime tout cela, parce qu'en somme on aime Paris.

Paris, toujours Paris, voilà l'idéal que chaque citadin emporte successivement avec lui et qu'il veut retrouver partout. Voilà pourquoi nous ne ressemblons plus au général idyllique de M. Camille Doucet, voilà pourquoi nous n'aimons plus l'herbe. On ne peut pas façonner en pleine campagne, au sein de la nature, *lentus in umbra*, ce Paris au petit pied indispensable.

Il y a là quantité de choses qui vous gênent : des arbres, du foin, des oiseaux, des vaches que sais-je? des rossignols, des alouettes, des petites bêtes qui nous éveillent dès trois heures du matin, sous prétexte de poésie, et alors les journées sont d'une longueur désespérante. N'est-ce pas, mesdames? — Des indigènes qui se couchent à huit heures du soir et qui lâchent les chiens, de sorte qu'il faut fumer tous ses cigares à sa fenêtre en regardant les étoiles, et au risque d'attraper le serein; n'est-ce pas, messieurs? — La campagne, en voilà une guitare qui n'est pas variée! Parlez-moi des bains de mer.

Tout le monde sait d'ailleurs que baigneurs et baigneuses ne vont à Trouville que pour y retrouver le boulevard avec un peu d'Océan au bout. S'il est une chose à quoi un Parisien ne puisse se soumettre, c'est à une modification, si mince qu'elle soit, de son existence artificielle. Il a vécu au milieu de conventions, de goûts, d'habitudes, de besoins particuliers qui s'imposent comme autant de conditions essentielles de sa vie. De là, quand il se met en mouvement, cette mauvaise humeur qui le distingue entre tous les animaux civilisés. Qu'il soit sur les rives de la Tamise ou sur les bords du Zuyderzée, à Saint-Pétersbourg ou dans l'Herzégovine, il lui faudra un effort de réflexion bien persistant pour ne pas céder à la tentation de s'irriter contre tant de choses absurdes ; le serviteur obséquieux, le service instantané, le mets qu'il préfère, le cigare qu'il a l'habitude de fumer, et le bitume, et Fleur-de-Bitume elle-même, deux produits foncièrement parisiens, et dont on ne trouve à l'étranger que de pâles contrefaçons.

Certain excursionniste s'étonnait fort que le numéro 48 placé au-dessus de la porte d'une maison de Piccadilly, se prononçât *forty eigth ;* il trouvait là je ne sais quel manque de convenance et quelle irrévérence grave à l'égard des voyageurs qui font à l'Angleterre l'honneur de la visiter.

Mais, sans aller jusque-là, le Parisien hors de Paris trahit toujours la nostalgie par un certain côté. Un fils des croisés qui fut une des notoriétés du boulevard, il y a vingt ans, M. de P..., s'étant fait capitaine de flibustiers en Californie, écrivait à ses fidèles, qu'au milieu des forêts et des solitudes où il pratiquait son honorable métier, à défaut de remords absents, il avait de bien vifs regrets, les gants paille, les rognons à la brochette et les bottes vernies. La satisfaction de voir lever l'aurore sur les forêts vierges ne suffisait pas à ce cœur vertueux, mais parisien ; il eût préféré une glace au citron sur le perron de Tortoni.

Donc, c'est Paris, transporté au bord de la mer, cette colonie de Trouville et de Deauville qui s'étend le long de la côte jusqu'à Cabourg. Que voulez-vous? on n'a pas accompli le miracle rêvé sous le dernier régime; on n'a pu amener l'Océan dans la plaine de Gennevilliers; alors la montagne ne venant pas à Mahomet, c'est Mahomet qui va à la montagne.

Seulement, du Paris d'ici au Paris de là-bas, il y a la distance d'un tableau de Gustave Doré (20 mètres sur 10 mètres) à une toile de Meissonier. Là-bas, c'est la miniature. Si la foi sauve à Paray-le-Monial, à Lourdes, à la Salette et autres stations de bénédiction apostolique, il en est de même aux pèlerinages de mer. Aux sanctuaires on va chercher des miracles qui ne sont rien, comparés à ceux que fait chaque soir le magicien du Casino, et les baigneurs, de leur côté, laissant la proie pour l'ombre, se montrent satisfaits parce qu'on leur donne l'apparence des choses. Que deviendraient-ils s'ils n'avaient ni théâtres, ni bals, ni concerts? Les grandes traditions demandent à être soutenues. Il faut bien tous les soirs, pour les hommes, s'étouffer en public, et, pour les femmes, se déshabiller en famille.

Il y a, en effet, deux manières de prendre les choses, deux façons d'envisager la situation, deux lignes de conduite à suivre... à la fois. Regarder le monde des bains de mer comme un diminutif de la société parisienne, et, en vertu de ce principe qu'on se trouve en pays connu, mettre toutes voiles dehors , sortir ses plus belles toilettes, ses pouffs des grands jours, ses diamants, ses épaules, son corsage et les menus accessoires. Puis, une fois costumée en Parisienne pur sang (ce qui a pour les toilettes de soirée quelques rapports avec une Océanienne), faire la réflexion très-sage que ce monde est, en somme, absolument mêlé, qu'il y a là mademoiselle X..., dont on parle trop, madame Y..., dont on ne parle pas assez, en un mot que toutes les pêches du panier n'ont pas été triées sur le volet, — et s'isoler. Oh! s'isoler à une demi-douzaine, avec quelques suppléants et suppléantes! « D'abord, ma chère, je vous préviens que nous ne dansons qu'avec ceux de notre coterie. »

C'est le premier mot que l'on entend en entrant dans la salle, et ce mot vous met tout de suite au courant. Ce n'est point à proprement parler un bal; c'est une réunion de quadrilles qui n'ont rien de commun les uns avec les autres; on s'arrange entre huit pour faire le chassé-croisé et la chaîne des dames, et tant qu'ira le violon, ces mêmes huit se trémousseront sans se mêler aux quadrilles hétérodoxes d'à côté.

De là trente-six coteries, la salle est une sorte de damier idéal, où chaque groupe a sa case séparée; et la façon dont tous les groupes se dévisagent, s'épluchent, se bombardent de quolibets et de regards dédaigneux, ferait croire que tous les Montaigus et tous les Capulets, partis de Vérone et débarqués par le dernier bateau, se sont donné rendez-vous à cette petite fête. Dans le camp féminin, on passe son temps à se déchirer des yeux et de la langue ; pendant que les hommes, plus éclectiques, méditent secrètement des incursions dans les trente-six paroisses.

Du reste, on trouve là du monde sérieux. Tout le Jockey-Club s'est donné rendez-vous sur la plage de Deauville, à propos des courses. Jugez du coup d'œil : le ring de Longchamp transporté en plein casino, cravaches, voiles verts, cartes à la boutonnière et binocles d'aveugles, couleur fumée, par crainte du soleil. Et les paris, et les poules, et l'anglo-javanais des bookmakers, un instar assez réussi. Au demeurant, une excellente distraction, mais les courses passent, et le Jockey s'en va ; il faut en revenir aux plaisirs ordinaires, c'est-à-dire aux bâillements continus à l'intérieur et aux longues promenades à l'extérieur.

Drôles de toilettes, drôles de tuniques, et surtout, drôles de chapeaux, aux fleurs, aux fruits, aux légumes; le printemps, l'été, l'automne en circulation et en combinaison perpétuelles. S'il n'est qu'une saison dans la température, on trouve toutes les saisons pêle-mêle dans les coiffures de ces dames.

Le revers de la médaille, c'est leur côté. Pas une qui n'arrive montée sur son cheval de bataille. L'une a vingt robes ; l'autre en a trente, et il faut que toutes ces robes défilent à la parade. Une rivale est vaincue, quand, dans ce combat de fanfreluches, elle a épuisé tout son repertoire. Alors elle part et s'en va ailleurs recommencer la lutte. Ces batailles d'étoffes et de rubans ont des conséquences graves; une excursion préparée depuis quelques jours manque parce que celles-ci ne veulent plus se rencontrer avec celles-là. Et puis ce sont des sourires, des gestes... Parfois, les maris interviennent et prennent parti.

Au fond, ce n'est plus un plaisir; mais c'est toujours une mode. Une Parisienne se croirait déshonorée, si elle n'allait pas faire sa saison d'eaux à Dieppe, à Trouville, dans quelqu'un des nids balnéaires consacrés par la gentry. Tous les échos du nord et du midi s'accordent à représenter ces succursales du boulevard, ces aimables contrefaçons comme plus animées et plus peuplées que jamais. On espérait, au lendemain de la guerre, qu'une réaction se préparait, et que cette fièvre de villégiature, très-spirituellement appelée le choléra-casino par un des princes — de la science, — style rural, — touchait à sa fin ; mais, après 1870, ce choléra a reparu en gardant tous les symptômes d'une affection aiguë ; il s'est généralisé sans rien perdre de ses violences.

Que de familles gênées économisent pendant des mois sur le nécessaire pour s'offrir ce superflu mondain d'une excursion sur la côte normande ou bretonne ! Elles y resteront trois semaines en s'imposant de cruels sacrifices, entassées, énervées, exploitées, gardant là-bas leur ennui et leur spleen parisien ; car, aux bains de mer comme ailleurs, on n'a que ce qu'on apporte. Elles reviendront délestées d'argent, médiocrement enrichies de souvenirs et même peu baignées, mais elles auront pris leur saison, elles se seront conformées à l'étiquette.

Voilà le luxe contemporain, à trame de coton comme les étoffes faux teint des magasins à la mode; voilà ses petitesses misérables, ses contrefaçons déloyales, sa dorure chimique, son ruolz si facilement vert-de-grisé. Et c'est pour mieux jouir de cette camelotte bourgeoise dont il ne restera que des morceaux de fer-blanc, des lambeaux d'indienne et des plâtras que notre monde féminin tourne de plus en plus au monde des filles.

Comme il arrive dans les civilisations agonisantes, l'excès de corruption se traduit par un excès de raffinements, par une série de phénomènes essentiellement anormaux, un enchevêtrement de combinaisons monstrueuses qui dénaturent le mariage, détruisent la famille, éteignent le foyer. On a savamment raffiné dans le vice. On est descendu aux couches extrêmes et il semble qu'il n'y ait rien à découvrir pour perfectionner cet étrange milieu.

IV

LE MÉNAGE A TROIS

Il y a des mots devenus presque inoffensifs à force de banalité courante, jetés tous les jours au hasard de la conversation sans gène et sans réticence, monétisés en quelque sorte, formulés tout haut sur toutes les lèvres et que pourtant on ose à peine écrire. C'est que la parole écrite prend une force singulière, s'affirme, parfois même se révèle sous ses côtés sérieux ou tristes. A travers le mot écrit on sent la réalité vivante, la vérité immédiate, le relief du fait et souvent ses aspérités brutales. Derrière la parole qui vole et passe, il n'y a rien d'aussi palpable que derrière le mot qui demeure, qui couvre et qui souligne.

L'adultère est un de ces termes que chacun prononce tout haut, mais que tout le monde hésite à écrire. Il faut le dire pourtant, sans chercher aucune conclusion morale dans cette simple constatation d'un fait, pendant la première moitié du siècle ce mot n'était doublé aux yeux du public que d'une idée assez vague de libertinage assez admis ; et surtout il n'était accompagné d'aucun de ces tressaillements d'horreur, ni même, pour employer de moins gros mots, d'aucune de ces impressions de dégoût que laisse toujours la plus rapide vision d'un fléau social, d'une plaie intime.

C'est que parmi nous, à toute époque, l'infidélité conjugale a été plutôt un texte à plaisanteries, un canevas à broderies railleuses, à vaudevilles, à ponts-neufs qu'une thèse morale. Depuis Molière, enveloppant dans la même raillerie les Sganarelles et les Georges Dandins — maris trompés d'espèce bien différente — jusqu'à Paul de Kock et la troupe de ses Ménélas de faubourg, ni les gros mots ni les fortes paroles n'ont été de mise sur un sujet pareil. Un legs plus ou moins appréciable de l'ancienne société de ce XVIIIe siècle où l'amour était fait de vagabondage sur le terrain matrimonial, sous la gaze transparente des indulgences réciproques, a toujours fait considérer les coups de canifs, les infractions au sacrement comme un simple effet de certaines conventions sociales, une transaction acceptable, un compromis entre les rigueurs de l'étiquette mondaine et les exigences des sympathies personnelles. L'adultère semblait un fait quelque peu bizarre et extravagant, une excroissance, mais aussi un appendice du mariage. On en souffrait, on en riait aisément, — ce qui ne prouve pas qu'on s'en accommodât toujours; du moins gardait-on les apparences de la bonne humeur. En tous cas, on avait dans la main la plus facile des revanches et la moins sombre des vengeances.

L'adultère a longtemps vécu chez nous dans ces conditions exceptionnelles de tolérance, hôte admis sous le manteau de la cheminée, compagnon accepté pourvu qu'il fît le moins de bruit possible, qu'il restât dans le demi-jour du mystère et qu'il gardât une certaine teinte de sentiment. Au siècle dernier, l'adultère se composait d'éléments assez futiles; c'était pour ainsi dire une quintessence de frivolités; la coquetterie, la mode, le laisser-aller général d'une société qui se sentait finir, un respect humain tout particulier interdisant l'amour dans le mariage comme une énormité, — presque comme une inconvenance, voilà les éléments de ces liaisons innombrables, tantôt éphémères, tantôt aussi durables que la vie, mais toujours légèrement portées, légèrement rejetées, guirlandes de fleurs fausses qui n'allaient jamais jusqu'à la chaîne.

C'est là le fond du XVIIIe siècle ; je ne prétends pas excuser cette corruption un peu banale et facile ; je veux rappeler seulement combien elle fut sincère et quelle médiocre part tint la question d'intérêt dans cette convention d'infidélité, ce perpétuel changement de quadrilles où se complurent deux générations successives. Rien de plus national en somme que ce désintéressement relatif, et c'est même un des traits distinctifs du XVIIIe siècle d'avoir été le siècle français par excellence, jusque dans l'adultère, d'avoir réalisé pour ainsi dire le juste milieu dans la passion, dans le libertinage, de leur avoir communiqué ces apparences de grâce légère, cet extérieur souriant qui sont le cachet de l'esprit national, en un mot, d'avoir porté sur un terrain équivoque et, dans la plus étrange des régions, ce sentiment exquis des convenances, ce tact éprouvé, que la société du dernier régime n'a jamais abandonnés, même dans ses écarts les moins excusables.

Cet adultère bénin, nuancé de toutes les couleurs tendres comme un éventail de Watteau, produit délicat d'une quintessence de vices, devait survivre longtemps à la Révolution, tant il était profondément entré dans les mœurs. Mais si le commencement du XIXe siècle resta fidèle à la corruption facile, à l'abandon désirable des générations précédentes, quelques déviations ne tardèrent pas à se produire; on peut dire que l'institution perdit ses caractères principaux quand on introduisit dans l'adultère un luxe de mise en scène, une prodigalité de décors inconnus jusque-là. Déjà sortie de son milieu naturel, de cette moyenne à la fois aristocratique et bourgeoise où elle s'était tenue si longtemps, l'infidélité conjugale prit les apparences généreuses de la passion avortée, du cœur incompris, meurtri, atteint chaque jour dans ses replis les plus intimes, et cherchant au dehors des compensations sentimentales.

Ce fut alors le beau temps des âmes sœurs. — L'âme sœur expliquait tout, excusait tout. Il fallait bien que l'âme sœur retrouvât son pendant, fût-ce à travers dix contrats de mariages. Méthode dramatique et morale au fond comme un cinquième acte de Dennery. Car l'adultère était censé tuer toujours; tantôt il se dénouait brutalement par un duel, un suicide ou toute autre ficelle; tantôt la phthisie, suite d'émotions trop vives, se chargeait de l'affaire.

Balzac a développé largement ce thème de l'adultère sentimental. — Un peu plus tard, un peu plus bas, devaient venir les héroïnes de Feydeau et de Flaubert ; madame Bovary allait succéder à la femme de trente ans. C'est que la société était pleine de Bovarys dominées par les sens, ne trouvant dans l'existence conjugale et ses rassasiements méthodiques qu'un aiguillon de plus et le réveil constant des ardeurs de la chair. Nous l'avons vu vingt ans dans le roman comme dans la vie, nous le connaissons le bataillon des Bovarys dominées par la double influence de l'hystérie physique et de la pléthore morale, — lassées de leurs enfants qui les ennuient, de leur pensée qui s'ennuie, de leurs rêves trop chimériques, de leurs maris trop réels.

Nous avons changé tout cela. Nous sommes loin de l'adultère à la Balzac, des âpres fièvres, des ardeurs brûlantes de la femme de trente ans. Ce ne sont plus les crises du cœur ou les fougueux réveils du sang ; ce n'est même plus « Vénus tout entière à sa proie attachée, » comme chez madame Bovary, ce n'est plus l'*anankê* antique prosaïquement traduite par l'hystérie médicale. On est entré dans le domaine pratique. Où nos aïeux voyaient une partie de plaisir, une villégiature agréable dans les « bosquets de Cythère », — où nos grands-pères apercevaient encore une distraction de bon ton, un accompagnement léger de la vie ordinaire, on voit maintenant une affaire. Donnant, donnant. Si la femme apporte son honneur, l'homme apporte sa fortune. La passion n'a rien à voir dans cette tenue de livres en partie double ; la passion est une non-valeur et il faut que l'amant soit une valeur sérieuse.

En effet, sa raison d'être, son motif, son explication, ce n'est pas de correspondre à certains battements plus ou moins désordonnés du cœur, ce n'est pas de satisfaire certains entraînements faits de poésie fausse ou de matérialisme trop réel, l'amant moderne est un des rouages essentiels du budget ; il figure dans la balance sur le plateau de l'avoir ; il fait partie intégrante de l'inventaire, cet inventaire qui, à la fin de l'année, se solderait sans sa présence par un déficit considérable. Ainsi compris, l'adultère n'est rien moins qu'un déclassement de la femme : au contraire, il devient la plus ferme garantie de sa position sociale apparente : il couvre tous les côtés faibles d'une situation nécessiteuse ; lui seul assure la dignité du ménage. Que deviendrait sans lui cet édifice fragile fait de toutes les prétentions, de toutes les vanités d'une femme coquette, frivole, avide et des ressources médiocres d'un mari quart d'agent de change ou chef de bureau ?

Le rôle de l'amant est donc tout tracé; il va servir de commanditaire et de bailleur de fonds ; loin d'apporter aucun élément de trouble, il représentera la stabilité, l'honneur même de la maison.

Ainsi disparaît la dernière excuse, l'excuse vulgaire, la grosse raison qu'on pouvait toujours donner au gros public, celle de l'ennui, de la satiété, de l'écœurement conjugal, l'appétit d'une sensation nouvelle; il n'y a même plus à invoquer cette voix des ivresses grossières qui se rattache aux plus bas instincts de la nature humaine, mais qui dans toute vie a son heure. Dira-t-elle qu'elle a été entraînée par la fièvre des sens, qu'elle a succombé à l'un de ces souffles de luxure dont toute chair connaît l'atteinte brutale, la femme qui a vu un marché dans la honte, qui a porté dans l'adultère, non pas les frissons impurs des sens déchaînés, mais un calme, un sang-froid mille fois plus méprisables; celle qui est sortie du devoir sans entrer dans la passion?

Cette question de l'adultère, éternelle comme la faiblesse et les chutes de la nature humaine, a eu de tout temps ses commentateurs. Tantôt les poëtes ont chanté :

> Et les baisers secrets et les lits clandestins ;

tantôt les moralistes ont prêché sur ce grave sujet et cousu des homélies au tableau de la corruption sociale. Grâce au progrès, nous n'en sommes plus là; l'adultère a cessé de rentrer dans la compétence des moralistes ou des poëtes. Il semble appartenir maintenant d'une façon toute spéciale aux économistes et aux financiers de l'école moderne. Si l'on faisait le calcul des ménages où une sage entente du principe d'association a déterminé le trio conjugal, ce serait une statistique vraiment curieuse et pour le moins aussi intéressante que celle des voitures qui passent tous les jours sur le Pont-Neuf. En ce temps où règne le crédit, l'adultère est aussi un crédit, une garantie de solidité, un élément de la fortune publique.

Nous sommes revenus au mot de Santeuil : « ... Voilà un bien grand mal ! Personne n'en meurt, beaucoup en vivent ! » Et c'est ainsi que derrière ce premier décor, prestigieux et menteur, derrière ce luxe de pacotille, cette féerie au rabais où s'agitent tant de ménages, admirés des uns, raillés des autres, enviés de plusieurs, il y a les laideurs brutales, les écœurements quotidiens, l'affreuse platitude de l'adultère assis près du foyer domestique, installé dans la chambre conjugale, régularisé en quelque sorte. Que lui manque-t-il ? Il a la connivence ou l'aveuglement du mari, la tolérance du monde qui sourit, — il a l'estime des fournisseurs. On le salue dans la rue, dans le salon; on le saluerait même dans l'alcôve.

Et pourquoi pas? Sort-il des convenances? trouble-t-il comme l'ancien adultère la paix du ménage, les bonnes relations conjugales? expose-t-il la femme aux affronts sanglants du flagrant délit, à la tache ineffaçable de la séparation infamante, aux langueurs éternelles du cloître? Allons donc! il est trop prudent et trop avisé pour cela! La passion seule avec ses brusques entraînements et ses folies héroïques pouvait perdre deux complices. Mais il n'y a plus de passion, il n'y a plus de folie, il n'y a plus de complices, — et vienne la loi, vienne la morale, elles ne trouveront que deux associés exploitant le même fonds avec la même sagesse et la même tranquillité.

A l'ombre de ces amours faciles, encouragées, éternisées par la tolérance universelle, enracinées chaque jour davantage dans la cordialité réciproque du commanditaire et du commandité, se développe le ménage et grandissent les enfants. A qui sont-ils ? qui les aime? qui doivent-ils aimer? Dans ces associations bien comprises, il se fait comme deux parts égales ; chacun a son lot ou croit l'avoir, ce qui revient absolument au même. Cela, c'est l'idéal, mais on n'a pas partout la même précaution et alors on se résigne à l'indivision. Chacun peut s'attribuer tout sans que personne réclame. Affaire de convention !

Du haut en bas de l'infidélité moderne, dans les moindres détails comme dans l'ensemble, c'est la convention qui règne. Elle domine tout, elle règle tout, le vice est essentiellement méthodique. Ne lui demandez ni rapides échappées, ni brusques élans : il habite le monde de la prose, et cette descente s'est opérée si rapidement que de l'ancienne fougue rien n'est resté. Madame Marneffe et madame Bovary sont maintenant aussi vieilles que la Phèdre antique:

elles ne datent même plus. Arrière les héroïnes du roman ou du théâtre, simples mannequins, automates fiévreux dans les mains de la fatalité, commandés par les appétits matériels et courant à la faute comme on tombe dans l'abîme! C'était la vieille garde de l'adultère, et elle a eu son Waterloo le jour où le positivisme est entré en ligne.

Un idéal faux compliqué d'ardeurs dépravées, des souvenirs de mauvais romans trop bien compris ou de poésie vraie mal digérée, de perpétuelles rancœurs, une résignation incomplète, un excès de souffrances, — parfois même la seule sensation du vide, car le vide attire et les unions trop tranquilles ont aussi leur vertige, — un hasard de rencontre, une beauté de coiffeur divinement transformée suivant les principes ordinaires de l'esthétique féminine, l'appétit de l'inconnu, le goût de l'aventure et, sous le fouet toujours plus pressant des assouvissements quotidiens, la soif suprême de l'accident, ces ardeurs de néophytes, ces ferveurs de martyre et ces instincts de cabotine que tant de femmes roulent pêle-mêle au fond de l'âme, — voilà ce qu'on pouvait trouver il y a vingt ans en creusant l'adultère. — Vieux jeu, vieux procédés, vieux accessoires. — Une connaissance approfondie des mathématiques et de leur application à la vie courante, un parfait détachement des satisfactions de la matière, un dédain complet du sentimentalisme improductif, beaucoup de logique, assez de constance, une fidélité en partie double, — voilà la femme pratique, voilà l'adultère modèle.

V

LES DEUX MÉNAGES

En face du ménage à trois, comme résultante logique et comme pendant naturel, se présente le double ménage.

Encore une institution qui date de loin, ainsi que la précédente, mais qui a perdu aussi bien qu'elle ses caractères distinctifs pour se transformer au point d'être à peine reconnaissable. Que le double ménage ait existé de tout temps, c'est une vérité indiscutable. A toute époque, par suite de la tolérance universelle, grâce aussi à l'indulgence légale pour les écarts masculins, il y a eu en dehors, mais tout à côté des mariages compliqués du sacrement, une série d'unions irrégulières contractées au hasard des fantaisies individuelles.

Les petites maisons du XVIIIe siècle, encore debout, témoignent de ce goût général pour le fruit défendu ; la chaussée d'Antin était alors le faubourg Saint-Germain de la galanterie aristocratique. C'est là que les grands seigneurs avaient établi leur colonie cythéréenne, leur Parc aux cerfs, réduction minuscule et par là même plus respectueuse de la colonie royale. On s'y délassait des rigueurs de l'étiquette; on essayait d'y trouver un peu de félicité bourgeoise; souvent même la passion y tenait une large place. On voyait des ducs et pairs vouer à des princesses de théâtre « le culte » qui était encore dans les mots et qui devait demeurer longtemps dans les idées, à cette époque favorisée où il restait des Lecouvreur et des Aïssé.

C'était un monde à côté du monde, essentiellement différent, n'essayant jamais de s'y confondre, gardant ses apparences un peu vagues de pays féérique, de région enchantée, où l'on pouvait se hasarder sans crainte, et dont on secouait les traces, au seuil du monde véritable, comme on secoue, le matin venu, les dernières impressions du rêve. Ainsi compris, ainsi admis, flottant dans les limbes de l'existence, répondant à un caprice de l'imagination, à une convenance de la mode, ce vagabondage n'ébranlait en rien la grande convention sociale, le principe fondamental du mariage. C'était de plus un plaisir de grand seigneur, une distraction aristocratique, interdite au profane, restreinte dans un cercle étroit.

Il n'est pas sans intérêt de se reporter à ce XVIIIe siècle, si vite jugé dans son ensemble, si peu étudié et si insuffisamment connu dans ses détails. Le public est habitué à l'apprécier en gros; il lui applique des définitions sommaires; avec deux ou trois formules il croit avoir tout dit. Mais le tableau de cette société élégante, dont nous sommes maintenant aussi éloignés que de la société guindée du XVIIe siècle, offre au contraire une complication singulière, quand on veut l'examiner de près et le soumettre à une analyse rigoureuse.

Il y a eu dans ce monde extraordinaire, à la fois épuisé et prodigue, tout un luxe de dépravation qu'on se figure à peine. — On avait alors sa femme légitime qui représentait la convention sociale — la femme d'autrui qui représentait les sympathies personnelles, — enfin la femme entretenue qui répondait à la mode, complément aristocratique de la vie élégante. La femme entretenue date de ce temps. Comédienne ou danseuse, elle n'a jamais été plus fêtée, plus adulée, plus entourée d'hommages, plus comblée de présents — et plus inoffensive. L'épouse légitime ne s'en souciait pas : la seconde épouse ne s'en inquiétait guère. Elle pouvait tout au plus dépouiller son amant : elle n'entrait jamais dans son existence que comme un joujou ruineux peut-être, mais secondaire.

Ce premier demi-monde formait d'ailleurs une caste peu nombreuse, régulièrement renouvelée, mais pouvant à peine se développer, restreinte par ses conditions mêmes de luxe et de dépenses essentielles. Pour subvenir à cette complication de ménages, pour soutenir ces nombreuses existences toutes rattachées à la même souche, il fallait ces fortunes considérables des dernières grandes familles. Les financiers pouvaient seuls se hasarder sur ce terrain et faire concurrence aux ducs et pairs. La simple bourgeoisie n'y songeait même pas. Cette corruption élégante était trop haut, trop loin. L'exemple devenait sans péril, étant sans imitation possible.

Telle est, au fond, la grande excuse du dernier siècle; peut-être a-t-il été plus loin que tout autre dans les raffinements de la corruption; il a tout ensemble quintessencié et compliqué l'adultère; il a créé dans cet ordre de choses toute une série de conventions monstrueuses; il a brouillé l'écheveau entier de la morale, mais cette complication même faisait du vice un véritable privilége aristocratique, limitait la contagion et l'empêchait d'atteindre les couches sociales inférieures. La haute société du xviiie siècle a laissé de détestables souvenirs; les esprits impartiaux doivent reconnaître qu'elle a exercé sur les mœurs une influence presque nulle. Elle a eu la corruption égoïste et par conséquent stérile. Elle s'est perdue elle-même; elle a dépensé volontairement dans des excès de tout genre les restes de sa fortune et de son prestige; elle n'a rien gâté autour d'elle.

Aujourd'hui, révolution complète; l'adultère s'est embourgeoisé; il a perdu ses dehors féeriques, ce décor ruineux qui étaient son véritable préservatif.

Le double ménage n'est plus un accident ni une surcharge; c'est une prévision et un article du budget. Jadis, conclure un mariage de raison, cela s'appelait faire une fin. Et, en effet, la plupart du temps, ces unions plus ou moins volontaires, plus ou moins heureuses, traçaient une ligne de démarcation entre le passé et l'avenir. Aujourd'hui, on se garde bien d'être aussi naïf : on ne finit plus, — et même, si l'on n'avait pas encore commencé, on commence.

Bref, l'homme qui épouse une fille riche, garde sa maîtresse s'il en a une, et en prend une s'il n'en a pas. C'est d'abord le ménage agréable à côté du ménage sérieux; peu à peu le niveau se fait, et les deux unions deviennent aussi sérieuses l'une que l'autre. La régularité s'établit dans chaque camp. Tant d'heures au devoir, tant d'heures à l'école buissonnière.

Ainsi est née la femme entretenue, au moment précis où mourait la grisette.

En ce temps où succombent toutes les légendes, la légende de la grisette devait subir de cruelles atteintes. Après l'avoir exaltée sur tous les tons, on en est venu à douter de son existence : on la traite comme un mythe, comme une fantaisie de romancier; on accuse Paul de Kock et Murger de l'avoir inventée de toutes pièces, de l'avoir fait sortir de leur cerveau comme une Minerve moins cuirassée.

Pourtant la grisette a existé : mettons de côté, si vous y tenez, tout l'appareil poétique dont les romans et les romances se sont plu à l'entourer; guirlandes d'un goût douteux, fanées maintenant et aussi tristes que des fleurs de cimetière. Posons en principe qu'il y a eu peu de Musettes, peu de Mimis; que la spéculation a toujours tenu une large place dans ces amours de contrebande, rarement idéalisées. La grisette n'en a pas moins eu son jour et sa place.

Même folle, même inconstante, même intéressée, elle était encore la grisette; elle conservait toujours son caractère d'oiseau passager, de liaison éphémère; elle pouvait user et abuser du présent, elle n'empiétait pas sur l'avenir.

On l'aurait bien étonnée, cette pauvre Musette, en lui disant qu'elle contractait avec Rodolphe des liens indissolubles; qu'elle entrait réellement en ménage en pénétrant dans cette chambrette d'étudiant, nid si peu capitonné où s'ébattaient leurs rapides amours! Elle n'avait pas l'intention de conclure une *affaire* sérieuse en nouant ces liens passagers, et voilà comment elle restait la grisette, — l'amie d'une heure ou d'un mois.

L'état de femme entretenue n'était pas encore une carrière.

C'est une carrière, maintenant, et il y a encombrement comme dans toutes les autres. Là encore, l'esprit pratique du siècle a fini par dominer, réglant l'inconduite, disciplinant le vice, ôtant à la passion ses emportements désordonnés et ses fièvres vagabondes, pour lui fournir un but précis. On sait, du moins, où sont les mauvais chemins : grâce à un aiguillage bien ménagé, ils mènent aussi loin que les bons.

Le tout est de persister, et si Musette avait de l'esprit de conduite, en dix ans Musette aurait des rentes, une position sérieuse, des enfants, presque un mari. Il est vrai que, alors, elle ne serait plus Musette.

La grisette a vécu avec ses robes d'indienne, ses fichus à trente sous et ses bonnets à fleurs. Il n'y a plus de fleurs, plus de bonnets, plus de fichus, mais des jeunes filles très-raisonnables qui enterrent le plus tôt possible la vie de garçon et qui deviennent très-rapidement des mères de famille très-honnêtes.

Il y a ainsi, au rez-de-chaussée de l'ordre social, une foule d'honnêtetés relatives auxquelles ne manque guère que le sacrement. Seulement, il faut bien le dire, si le sacrement fait défaut, c'est que ces honnêtetés-là ont, à l'entre-sol du même ordre social, une doublûre d'honnêtetés régulières, sacrées et consacrées, suivant la formule. D'ailleurs, soyez tranquilles, les mœurs sont aussi pures, les apparences aussi bien gardées à un étage qu'à l'autre.

La femme entretenue ne vient pas de l'église. D'accord. Mais elle y va.

Les optimistes jugeront sans doute qu'ainsi tout est pour le mieux et qu'il faut s'applaudir de vivre en un temps où le vice lui-même se trouve régularisé ; mais la logique et la morale naturelle répondent que l'adultère pratique est le plus dangereux et que les deux ménages sont aussi condamnables que le ménage à trois.

Il faut peu connaître la nature humaine, ses imperfections et ses limites pour oser dire qu'un cœur puisse se partager en deux portions égales, qu'une affection puisse se distribuer à doses tout à fait semblables entre deux familles différentes; tôt ou tard l'option est nécessaire, et comme le côté légitime représente toujours la chaîne, l'étiquette, l'affaire conclue, tandis que l'autre répond au caprice, à la volonté individuelle, c'est l'autre qu'on choisit, c'est à l'autre qu'on s'attache.

Le niveau de l'adultère masculin a donc considérablement baissé ; mais, en revanche, il a pris un développement considérable ; s'il ne correspond plus à un déréglement de l'esprit, il est soutenu par les liens imperceptibles et innombrables de l'habitude prise; il a pénétré dans la vie de chaque jour comme dans le monde bourgeois. Le double ménage peut choquer encore les esprits mal faits ; il n'étonnera personne. Comment s'indigner? à qui s'en prendre?

Encore une fois, voilà d'honnêtes femmes, n'ayant pas plus d'amants que les femmes honnêtes, retenues, au contraire, dans le bon chemin et dans les strictes limites du devoir par leur intérêt bien compris, par le souci de leur position. Voilà un mari qui trompe sa femme, à la vérité, mais sans bruit, sans scandale, qui la trompe même depuis si longtemps, qu'il y a réellement prescription. Si tout cela n'est pas absolument autour de la morale, c'est du moins à l'entour de la pratique.

Et la tache d'huile, grandissant chaque jour, défiera bientôt tous les remèdes, comme elle brave toutes les censures.

VI

LES NOMADES

A côté des femmes adultères et des femmes entretenues, ces deux parties solides qui sont comme les deux cités du demi-monde, il y a la population flottante, à peine campée dans nos murs, toujours chassée, toujours errante : la grande foule des nomades du vice.

Les statistiques de la préfecture de police, les relevés officiels des registres et des inscriptions indiquent depuis quelques années une diminution frappante. La prostitution régulière, classée, cataloguée, enregistrée voit décroître son budget normal. La proportion se rétablit au compte de la prostitution clandestine.

Celle-ci occupe tout le pavé parisien ; elle règne en maîtresse sur nos places et nos boulevards ; sa domination commence au crépuscule , elle se continue tant que durent les clartés douteuses du gaz. La cité à demi sommeillante lui appartient comme un immense *Suburre.* Jadis elle se trouvait reléguée par une sorte de convention tacite dans les profondeurs du Palais-Royal, sous les galeries basses, le long des allées suspectes.

Ce Palais-Royal, bien connu de nos pères, était comme le rendez-vous général du vice et de la dépravation sociale : un résumé gigantesque, une quintessence prodigieuse qui tenait à la fois du bateau de fleurs et de l'égout : mais du moins, en concentrant ce foyer, en y jetant pêle-mêle tous les éléments de corruption, en l'isolant, en faisant une cité à part, avec ses limites étroites, son enseigne voyante et ses avertissements multipliés, chacun pouvait éviter les galeries de bois ou le « camp des Tartares ». On pouvait presser le pas devant ce vaste pandémonium des turpitudes humaines; le vice n'avait qu'un carrefour, facile à éviter.

Il n'y a plus de Palais-Royal, du moins de Palais-Royal féminin ; la police a ouvert toutes grandes les portes de ce foyer de pestilence; elle en a dispersé les miasmes aux quatre coins de l'horizon. La prostitution a dû se faire clandestine, c'est-à-dire prendre des apparences plus calmes, à mesure qu'elle prenait un développement plus large. On lui enlevait son quartier général. Elle s'est contentée de simples campements. Quelques-uns, il est vrai s'étendent comme de véritables faubourgs.

Voici les merveilles de la police moderne, et tout ce qu'elle a pu obtenir, à force de règlements, de patrouilles, d'inspections et de prisons de femmes perdues plus coûteuses que des retraites d'honnêtes femmes : un reflux du jour auquel succède, la nuit, le plus épouvantable des flux. Cette surveillance quotidienne, ces employés, ces agents, cette propreté matinale du pavé parisien nettoyé de toutes les souillures apparentes, ces soins, ces dépenses, cette organisation que l'Europe nous envie sans doute comme tant d'autres choses, qu'en revanche elle se garde de nous emprunter, tout cela finit dans la haute et bourbeuse marée nocturne, dans les piéges tendus à chaque carrefour par le vice misérable au vice enrichi ou candide. La civilisation parfaite, la parfaite centralisation, une assistance publique cinquante fois millionnaire, une police incomparable donnent ce résultat monstrueux, l'invasion quotidienne du Paris bourgeois par le Paris nomade. Tous les carrefours, tous les coins de rue, toutes les embrasures de portes donnent asile au monstre.

Il a plus d'un campement journalier, ce Paris nomade, plus d'un abri et plus d'un quartier général, mais son véritable centre est le quartier de Lorette. Il y a quarante ans, des spéculateurs s'emparaient de ce fonds marécageux et de cette pente humide qui figurent la descente de Montmartre; ils y bâtissaient à la hâte, un peu au hasard et dans des conditions de confortable médiocre. L'entreprise marchait vite, mais les locataires manquaient. Le Paris du centre, celui de la rue de Rivoli, du Palais-Royal, et même du quartier des Victoires, encombré, exubérant, hésitait cependant à traverser le boulevard et à répandre son trop-

plein dans cette ville nouvelle rayonnant autour de la place Bréda. Il fallait baisser les prix pour attirer la clientèle. On le fit dans des proportions considérables. Le public vint alors, mais d'abord en quantité faible et surtout de qualité médiocre. Les premières représentantes du demi-monde qui étaient venues là dans les plâtres encore frais chercher des nids mal essuyés pour leurs amours de contrebande s'y trouvèrent d'autant plus libres. Le voisinage de la ville avec l'indépendance de la campagne. La colonie ne pouvait manquer de grossir. Les nouvelles venues en appelèrent d'autres ; la contagion se propagea avec une étonnante rapidité. Ainsi se forma ce Saint-Lazare sans murs ni verrous, qui s'appelle le quartier de Lorette. Les annexions ont été nombreuses. En ce temps-là, le quadrilatère était à peu près régulier : il encadrait la place Bréda, allant de la rue Blanche à la rue des Martyrs. Maintenant il a rayonné ; il s'étend à droite jusqu'aux parages faubouriens de la rue Rochechouart ; à gauche, jusqu'au prolongement de la gare de l'Ouest, à l'immense éventail de la place de l'Europe.

On voit que le cadre est large. C'est là, dans ce milieu vaste, que s'agite la grande population des ouvrières du vice ; c'est là que végètent tant d'existences à jamais compromises, tant de femmes sans foyer et sans famille.

Le mouvement y est perpétuel ou, pour mieux dire, le piétinement ; les hauts et les bas, les réussites passagères et les souffrances éternelles, mais toujours sur le même sol, dans la même enceinte : véritable patrie des femmes qui n'en ont plus d'autre. Beaucoup se refusent à l'abandonner, s'y cramponnent malgré les assauts de la misère comme au seul pays connu ; d'autres essaient de le quitter, puis y reviennent ;

une superstition vague, d'autant plus forte et plus tenace les rattache à ce cercle et les y rappelle, quand elles ont voulu fuir. Tel est le grand campement de la prostitution flottante. Ce n'est pas une cité, c'est un monde.

Toute cette population s'éveille au moment où finit la journée ordinaire, où le Paris laborieux ferme ses magasins et fait ses comptes. C'est l'heure de la descente et de l'éparpillement général. Le flux de la marée commence, dès le crépuscule, pour ne reculer qu'à la matinée prochaine.

Pour bien saisir ce tableau, il faut se placer à l'entrée du faubourg Montmartre, au coin de ce vaste carrefour qui sert d'exutoire au quartier de Lorette, bloqué un peu plus bas par la crête serrée des maisons de la rue Saint-Lazare et le quadrilatère épais de l'église.

Une à une les lanternes de gaz se sont

allumées et projettent une lueur jaunâtre sur la façade des hautes maisons qui bordent le carrefour. Çà et là quelques devantures de cafés, aux rangées de lustres étincelants, font des taches de lumière vive dans cette vaste clarté pâle qui en paraît plus indécise et plus vacillante; le tumulte continu des voitures, dont le roulement s'assourdit par les échos réciproques et la confusion des murmures, flotte à son tour dans l'atmosphère et berce l'oreille avec une telle persistance que le moindre repos, la plus rapide suspension éveilleraient l'esprit en sursaut. Mais ces intermittences sont rares dans la grande symphonie du Paris nocturne : vibrations de lumière, bruits d'activité, tout s'y mêle et s'y combine à proportions égales. La vue et l'ouïe flottent dans un milieu trouble. — Voilà la scène et le décor. Maintenant les personnages peuvent venir.

Robes traînantes, dont les plis chatoient sous la lumière vacillante des réverbères, les unes sombres, les autres aux reflets clairs, jetant une note désaccordée dans la tonalité grise du trottoir; démarches cadencées; inflexions lentes, tendres comme une caresse, équivoques comme un appel ; regards circulaires, frou-frou de la soie, murmure des lèvres, ce sont elles, ce sont les mendiantes du vice qui prennent possession de leur pavé. La nuit commence : il est temps. Aussi l'avant-garde précède-t-elle de bien près le corps d'armée principal, les gros bataillons. Les nomades sont dix maintenant, elles seront bientôt cent, et le nombre s'accroîtra d'heure en heure.

L'inflexible nécessité est là qui les pousse à l'assaut du Paris nocturne; il faut travailler, il faut vivre. Le carrefour déborde; il s'épanche dans le sens des boulevards. Le courant suit le faubourg Montmartre pour déboucher au confluent des deux rives : une longue file de robes de soie et de jupes murmurantes s'établit et va durer jusqu'à l'aube.

Suivons la foule et courons au rendez-vous général, à cette piste du boulevard, dont le centre s'étend du trottoir de Brébant au perron de Tortoni. Voilà l'enceinte du pesage : tout à l'heure nous avons vu le défilé; ici commence l'étalage. Le décor est plus brillant; la clarté ruisselle des cafés splendidement illuminés ; brusquement rabattue par les hautes marquises, elle se répand en larges flaques sur la pente douce du bitume ; le flot de lumière semble rouler au ruisseau; il s'abîme sur le rebord même de la chaussée, toute pénétrée d'ombre où les lanternes des voitures font un fourmillement d'étoiles. L'éclairage est bien compris, à la fois violent et restreint ; les rayons s'y concentrent comme dans une vitrine de boutique : la montre est faite pour la marchandise.

Marchandise animée qui va, vient, passe, repasse et sollicite l'acheteur par ses invitations successives. Plus la nuit s'avance et plus la cohue s'épaissit : plus le bataillon devient ardent, plus s'accentue la luxure des démarches provoquantes et des regards brutaux comme des attouchements. C'est que la faim est là qui pousse et qui presse, c'est qu'il faut vaincre dans ce grand combat contre la misère quotidienne et ne pas regagner son campement sans butin. Question de vie ou de mort, lutte fatale qui était celle de la veille et qui sera celle du lendemain.

Aussi ce spectacle commencé comme une féerie dans le ruissellement des lumières, de la soie et du strass, conclut-il dans les bassesses vulgaires et le débraillé de l'orgie banale. De part et d'autre, dans les rangs des acheteurs comme dans le camp des vendeuses, l'animalité pure se réveille. Ici, c'est la licence qui parle haut et qui marchande; là, c'est la faim qui discute et qui donne son dernier prix. Fièvre égale des deux côtés et même matérialisme. Regardez ces groupes qui se détachent de l'ensemble et qui s'estompent vaguement aux coins des rues : c'est ce que les chroniqueurs appellent le plaisir, les moralistes la débauche, et ce qu'il conviendrait d'appeler la fatalité.

J'ai choisi le cadre le plus brillant, le milieu le plus fashionable. On peut continuer, on peut descendre; la prostitution ne s'étend pas sur Paris comme un rayonnement égal : elle forme autant de cercles concentriques, d'importance diverse, mais de frontières indécises, se pénétrant l'un l'autre et allant mourir dans la crapule basse des faubourgs, où le peuple coud un lambeau d'orgie à ses haillons de misère.

Partout, d'ailleurs, c'est le même spectacle; les nomades, chassées de leur retraite par le besoin sans cesse renaissant et tous les aiguillons de la détresse, s'emparant du Paris nocturne comme d'une ville au pillage.

Mais la prostitution nomade n'est pas seulement une affaire de voirie ; elle a encore ses enceintes réservées, ses lieux de rendez-vous aussi publics, mais plus restreints. Les bals lui sont ouverts, ou, pour mieux dire, il n'y a plus de bals. En haut comme en bas de l'échelle, aux Champs-Élysées comme sur le boulevard extérieur, à Mabille comme au Château-Rouge, où est l'intérêt du spectacle, où est le but de l'institution ?

La danse, il est vrai, figure sur le programme ; mais au fond c'est un simple accessoire, presque un décor. La danse s'en va de jour en jour; les habituées s'en acquittent plutôt qu'elles ne s'y intéressent et surtout qu'elles ne s'y amusent, si l'on osait parler d'amusement au milieu de toutes ces tristesses. Le moment capital de la soirée, c'est le défilé dans les entr'actes, c'est la grande revue nocturne.

Allez à Mabille par un de ces beaux soirs d'été où s'y presse toute la colonie féminine, et vous verrez un tableau digne du pinceau de Hogarth. Sur les chaises et les fauteuils une foule trop paisible, laissant percer dans son attitude les fatigues du piétinement, venue là comme pour s'acquitter d'une tâche obligatoire : spectateurs blasés, amateurs sceptiques, acheteurs au rabais. Un ennui vaste plane sur ce public qui revient à ses écœurements avec la docilité basse des dépravations anciennes. C'est l'instinct qui parle, combattu par la fatigue et lui cédant à demi. L'assoupissement vient avant l'heure de l'assouvissement; ni entrain, ni gaieté ; une attente morose, une attention distraite, noyées dans la somnolence.

Lentement, lamentablement, tantôt isolées, tantôt deux par deux, s'avancent les figurantes de la fête, traînant sur le sable, parmi les cigares éteints et toutes les souillures de la foule, ces toilettes de combat où s'attache leur suprême espérance. Elles vont d'un pas égal, mais fiévreux d'impatience, toisant de leur regard effronté et suppliant ce public sans pitié qui n'accorde que des aumônes vénales ; les démarches sont savamment calculées : tout appelle et tout provoque, mais là aussi les rancœurs percent et se révèlent : on sent l'épouvantable lassitude des luttes sans espoir et des tâches sans fin. Sous la lumière vive des lustres, au reflet faux de la verdure éclairée d'en bas, les pâleurs apparaissent, les maigreurs s'accentuent.

Je ne sais pas de tableau plus poignant

que ces longues files de victimes allant s'offrir en sacrifice. L'impression morale y double cruellement la sensation physique ; ce demi-jour, ces clartés blafardes et crépusculaires, ces teints de poitrinaires compliqués de poudre de riz, ces anémies fardées, toute cette défroque de la misère que le vice souligne au lieu de la cacher, oripeaux de bataille, suprême et lamentable armure dans cette lutte quotidienne contre la faim inassouvie et le besoin toujours renaissant, ces démarches provoquantes et suppliantes, tout révolte l'esprit et le cœur, la comédie de l'amour, la réalité de la douleur.

Aux grands marchés orientaux, aux bazars turcs où la traite se fait en plein jour, sans honte, sans apprêt de la marchandise, mais dans une vaste clarté d'étalage qui permet de se rendre compte et de comparer, l'impression est moins cruelle et moins poignant le ressouvenir. Cette chair vive, cette animalité rutilante exposées aux rayons d'un soleil prodigue, étendues sur les nattes et sur les tapis, livrées au premier acheteur comme un objet vulgaire, ce trafic découvert et public parlent moins à l'âme, éveillent moins de pitié. Dans ces grandes halles d'Andrinople, on voit le vendeur et l'acheteur discuter paisiblement, l'un pour se débarrasser à meilleur compte, l'autre pour conclure une meilleure affaire ; mais la marchandise ne compte pas ; on sent qu'elle est indifférente, on voit qu'elle est inerte ; elle va jouer, en tous cas, jusqu'au bout, un rôle passif.

Ici, rien de pareil. Si dégradé qu'on se figure ce troupeau de la débauche parisienne, roulé dans toutes les fanges des bas-fonds, plus souillé à chaque étape, et prédestiné aux aboutissements sans nom, il est certain que sous ces chairs épuisées, dans ces corps meurtris par l'incessante bataille, l'âme subsiste assez pour souffrir, témoin conscient, perpétuelle victime. La « fille » moderne, si bas qu'elle soit tombée, si irrémédiables et même si justes que soient ses chutes, la fille moderne, élevée au milieu de notre civilisation de serre chaude, toute en nerfs et en surface, n'abdique jamais sa personnalité véritable, ne devient jamais l'instrument matériel et passif des harems orientaux : sensation ou sentiment, regret ou remords, quelque chose revit ou survit. C'est un phénomène mille fois constaté — et dont on ne sait dire s'il met un rayon dans ces ténèbres épaisses ou s'il ajoute une tristesse de plus à ces situations désespérées : la femme absolument tombée, entrée dans la circulation proprement dite, et livrée à ce grand courant parisien qui ne rend jamais ses victimes, garde un côté de superstition et de mysticisme, une lueur d'idéal sombre que ne connaissent pas les vertus et les plénitudes bourgeoises. De là ces incurables tristesses, ces explosions nerveuses, ces spleens et ces langueurs que gardent toutes les femmes de ce monde flottant. Rien ne peut les garantir de ce retour des « idées noires » régulier, impitoyable : c'est leur supplice et peut-être leur rédemption. Il faut y voir en tous cas le témoignage intime et douloureux, le rappel suprême de cette personnalité morale qui subsiste au fond de l'être et qui proteste encore quand tout le reste a abdiqué.

Toutes ces chutes n'en sont que plus lamentables et plus désespérantes, quand on songe aux misères de l'impasse qu'éclaire cette dernière lueur. Il y a là des étapes fatales, et, à moins d'un miracle, à moins d'une volonté de fer ou d'un hasard exceptionnel, il faut les parcourir jusqu'au bout.

Qu'un coup de dé heureux leur fasse traverser la prospérité factice, les splendeurs de pacotille, le luxe éphémère, ou qu'elles se traînent dans la mendicité du dîner quotidien, dans les aventures de trottoir et les bonnes fortunes de carrefour, qu'elles abdiquent le rôle actif sur l'extrême limite de la quarantaine, ou qu'elles se cramponnent aux dernières turpitudes de la débauche hors d'âge, la vieille garde elle-même n'a qu'un temps, et, tôt ou tard, il faut aboutir à cette conclusion des courtisanes chevronnées : la traite de la chair humaine, la commission honteuse, le négoce d'arrière-alcôve, le proxénétisme.

Voilà le dernier rôle, la dernière étape de ces dépravations progressives, où chaque pas dans la durée marque un échelon dans l'infamie. Si la femme qui embrasse ce rude métier de courtisane échappe aux accidents, aux maladies, aux souffrances qui l'assiégent de toutes parts, si elle a l'estomac à l'épreuve, la poitrine solide et le cœur suffisamment blindé; si elle sait éviter les amours de contrebande, ces tristes passions où s'échoue le sentimentalisme dévoyé de la femme perdue; si rien ne l'empêche d'arriver jusqu'à la vieillesse, elle n'atteindra cet âge du recueillement et de la retraite que pour s'atteler à une besogne nouvelle, à un dernier déshonneur.

Ces conclusions sont rigoureuses; il est impossible de prétendre qu'elles soient obscures. Dans les chemins de traverse, le but définitif est aussi apparent que les étapes. De toutes les femmes qui s'y jettent, beaucoup s'y perdent, aucune ne s'égare. On va plus ou moins longtemps, suivant la force, suivant la chance; on peut tomber au tiers, à la moitié de la route; mais on va droit devant soi sous le fouet de la nécessité.

Comment donc se fait-il que dans cette

rude condition, dans ce cruel métier des nomades la concurrence soit si forte? — Nous touchons ici à un nouveau côté du problème social : la condition de la fille du peuple, traquée d'un côté par la misère, de l'autre par le libertinage; si bien qu'il y a sur le pavé parisien plus de chair à prostitution que n'en demande le marché.

VII

L'OUVRIÈRE

Les rapports de la préfecture de police, les statistiques des hospices spéciaux, les grands et petits registres de la salubrité publique établissent en gros et d'une manière approximative les chiffres de la prostitution errante; ils en décomposent aussi les éléments. On y voit que la province contribue pour une part assez sérieuse à la consommation de la capitale. Tantôt ce sont des paysannes qui ont eu « un malheur », et qui viennent cacher à Paris les suites de leur faute; tantôt ce sont des jeunes filles de la demi-bourgeoisie provinciale entraînées par quelque séducteur de garnison ou quelque commis voyageur. Paysannes ou bourgeoises, tôt ou tard, ces immigrantes arrivent au rendez-vous général de la population déclassée, au rendez-vous des nomades.

Tel est l'appoint habituel de la prostitution parisienne; il faut y ajouter le clan des étrangères venues pour chercher fortune parmi nous et réduites bientôt à mendier de la mendicité la plus sûre et la plus tolérée. L'Allemagne y contribue pour une large part; mais le fonds solide, la véritable moyenne sont fournis par l'ouvrière.

Le problème social présente peu de données plus déplorables et plus explicables à la fois. C'est la résultante logique de la situation faite à l'ouvrière et de ses conditions d'existence qu'on appellerait plus justement des conditions de suicide.

La situation de l'ouvrière est la grande monstruosité d'une société qui se flatte pourtant d'être humanitaire et philanthrope. C'est presque sa condamnation, et ce sera peut-être son châtiment. Elle nourrit ainsi une plaie interne qui finira par la miner si elle n'y prend garde et si elle ne soigne le mal par intérêt sinon par pudeur. Que de choses il y aurait à dire sur cette destinée de la fille du peuple!

Certes, ce n'est pas le superflu qui nous manque. L'égoïsme moderne, l'indifférentisme contemporain sont pavés des meilleures intentions et des institutions les plus louables. Voyez plutôt le bilan. Nous avons une société protectrice des animaux qui s'interpose entre le fouet du charretier et les flancs du cheval, mais nous n'en avons pas qui s'interpose entre la vertu de la fille du peuple et les tentations de la misère. Nous encourageons les belles races de course et de trait à grand renfort de solennités hippiques et de dépenses budgétaires; le gouvernement et les conseils généraux distribuent des primes aux éleveurs; mais, ce dont personne ne se préoccupe, ce qui n'a ni sa colonne au budget, ni sa place dans les journaux, c'est l'éleveuse d'hommes, la mère, la nourrice, la source de vie, l'*alma parens!*

Veillons au salut du cheval, prenons garde qu'un sang moins généreux ne batte dans ses artères; quant aux enfants de la France, ils pousseront comme ils pourront; quant à la source de vie, elle sera épuisée et corrompu dès le premier flot. La société a des lois protectrices pour les animaux sans défense; elle a des primes d'encouragement pour les races précieuses; elle n'a rien pour la mère.

La vie de l'ouvrière est moins assurée

que celle du nègre. Le maître a trop d'intérêt à la conservation de l'esclave pour le laisser mourir de faim ou de froid, ou pour l'accabler sous le poids du travail. Mais, s'il survient un chômage ou un renchérissement du pain ou du bois, que deviennent ces milliers d'ouvrières qui vivaient à peine dans des conditions moins rigoureuses? Par suite de quel préjugé ou plutôt de quelle injustice le travail de l'ouvrière est-il réputé inférieur à celui de l'ouvrier?

Souvent la tâche de celle-ci vaut autant pour le patron que la tâche de celui-là; mais l'habitude s'est transformée en article de règlement, et, dans toutes les fabriques, l'œuvre est payée, non d'après la qualité du travail, mais d'après la main qui l'a faite.

La femme étant plus faible, plus dépourvue, reçoit un tiers de moins que l'homme. Comme elle a plus besoin de protection, elle est moins favorisée.

Qu'arrivera-t-il donc à une date qu'on peut déjà prévoir, si l'on ne prend d'énergiques mesures pour améliorer la condition de la femme du peuple, de cette femme dont les flancs portent l'avenir de la nation ?

Plus encore que l'ouvrier, l'ouvrière est exposée à la dure étreinte de la misère par suite des empiétements successifs de l'homme. Presque tous les métiers que l'usage réservait jadis à la femme, l'homme les a pris. La femme cherchant de l'ouvrage va se heurter le plus souvent contre le chômage. L'homme a arboré la quenouille ; il s'est établi chemisier, costumier, brodeur, blanchisseur, faiseur de bas, confectionneur de corsets ; il a usurpé l'aiguille de la lingère et les ciseaux de la couturière. Il est même devenu marchand de modes.

Partout le commis-marchand s'est substitué à la fille de magasin. Le comptoir a été envahi par une armée de gaillards qui s'exonèrent de plus rudes travaux en prenant le mètre. — Les acheteuses le veulent ainsi. Les achetcuses ne veulent pas de vendeuses ; il leur faut des vendeurs.

Étonnez-vous si l'agriculture manque de bras ; si la navigation est délaissée. Autrefois, c'étaient des femmes qui faisaient le service dans les hôtels, les auberges, les restaurants. Aujourd'hui, ce sont des hommes qui balayent les chambres et les couloirs, rincent les verres, portent les plats, secouent les tapis.

Du haut en bas de l'échelle professionnelle tout a été bouleversé. Ce déplacement des métiers ou plutôt cette usurpation par l'homme des métiers de la femme a pour résultat de précipiter de malheureuses filles, forcées de choisir entre le vice et la misère, dans le libertinage et la prostitution.

En effet, que reste-t-il aux femmes? Le

travail manuel proprement dit. Mais ce travail peut-il suffire ?

Il faut répondre par des chiffres. Le bilan de l'ouvrière a été fait ; il se chiffre par cinq cents francs au maximum, en prenant la moyenne des fortes santés et des forts salaires—qui sont pourtant deux exceptions. 100 francs pour le loyer, 115 francs pour le vêtement, 36 francs pour le blanchissage et 36 francs pour le chauffage et l'éclairage, cela fait 287 francs. Reste donc à l'ouvrière 213 francs pour sa nourriture ou 59 centimes par jour, un peu moins de douze sous.

Voilà ce qu'il faut voir sans fausse sensibilité et confesser sans réticence hypocrite. Dans les questions sociales, le pire des dangers est encore le silence. Eh bien, la question de l'ouvrière se pose ainsi neuf fois sur dix : impossibilité matérielle de subsister par les seules ressources du labeur journalier ; impossibilité de faire face à l'imprévu, au chômage, au retard de paiement ; insuffisance certaine et en même temps nécessité absolue du travail. Le problème ainsi donné, quelle sera la solution inévitable ?

Le réchaud, le suicide, la désertion au milieu de la lutte, ou la capitulation devant la débauche; l'aumône que refuserait l'assistance publique demandée au vice cent fois plus riche et plus généreux ; ou la Morgue dans le présent, ou Saint-Lazare dans l'avenir.

Tels sont les deux termes auxquels aboutit fatalement l'ouvrière, si elle n'a pas derrière elle une famille exceptionnellement aisée, en état et en disposition de la soutenir, ou si la Providence ne vient pas tout exprès à son aide. Le chemin est si dangereux, la pente si glissante que tout pas hasardeux s'y change nécessairement en faux pas et que tout faux pas y jette à l'abîme.

Ainsi se recrute le bataillon des déclassées.

A part quelques natures foncièrement perverses, dominées par les sens ou entraînées par la paresse, cherchant dans la débauche les dépravations et les jouissances faciles, — à part quelques esprits romanesques rêvant je ne sais quelle destinée de luxe à outrance, le gros lot de cette triste loterie, la plupart des femmes qui abandonnent l'aiguille, les dix-huit heures de travail et les quarante sous de salaire de la bonne saison, pour aller grossir les rangs des nomades, cherchent là non pas une condition meilleure, mais une condition possible ; volontaires de la misère ou volontaires du vice, voilà l'option. — Combien ont assez de force morale, de vigueur matérielle, d'exemples réconfortants, — combien gardent assez d'illusions pour hésiter ?

Et puis, après tout, elles sont comme nous de chair et d'os ; elles connaissent comme nous ces violents réveils de la nature, ces brusques appels du sang qui court dans les artères et congestionne le cerveau ; elles subissent comme nous les faiblesses et tout le cortége des misères humaines. Après le côté économique, la question de l'ouvrière présente le côté médical ; il est difficile de le passer sous silence dans un sujet où d'ailleurs les mots seront toujours au-dessous des choses.

Que peut faire une de ces belles filles au tempérament puissant, telles qu'en produisent encore certaines familles d'ouvriers — ou l'une de ces filles aux nerfs à fleur de peau, à la sensibilité toujours en émoi, qui forment la grande majorité des Parisiennes, livrée ainsi, seule, sans appui, sans encouragement, à cette double tentation de la chair, la tentation de la douleur et la tentation des appétits?

Elle a faim et elle implore un secours ; elle a la fièvre et elle cherche la guérison.

Tout conspire contre elle, et les ardeurs vagues de la jeunesse avec leurs frissons passagers, et le besoin matériel avec sa réalité persistante. Rien, absolument rien ne la défend, pas même l'ignorance.

La fille du peuple n'ignore pas ; son éducation est précoce et complète. Il peut y avoir des saintes dans le monde ouvrier ; il n'y a pas d'ingénues. L'innocence est une fleur bourgeoise qui ne pousse qu'en serre chaude.

Donc l'ouvrière tombera ; il faut qu'elle tombe. Sans doute cette chute ne la jettera pas immédiatement dans le grand courant, dans le *gulf-stream* de la circulation parisienne ; les victimes de la débauche ne lui arrivent pas aussi vite. Peut-être même est-ce là le pire des dangers ; peut-être l'ouvrière reculerait-elle, malgré tant d'aiguillons qui la poussent, s'il lui fallait substituer immédiatement aux affres douloureuses de la misère les répugnances presque aussi cruelles du vice exercé au grand jour.

Mais il y a des progressions et des nuances; la lumière est moins crue; l'échouement définitif, l'inévitable aboutissement s'accomplissent à travers les molles transitions du crépuscule. On débute par être une femme entretenue; situation acceptable, position tolérée. C'est un faux ménage, d'accord, mais c'est presque un ménage.

Au premier enfant, tout change : l'homme, qui voulait bien d'une liaison passagère, accompagnement léger de la vie courante, facile à secouer quand il lui plairait, recule devant la chaîne. Au lieu de sceller l'accord, la paternité le détruit. C'est un phénomène monstrueux, n'est-ce pas, et nous insultons toutes les lois naturelles en le prétendant possible? Il est plus que possible, il est général; non l'exception, la règle.

C'est l'éternelle histoire et c'est aussi

l'histoire universelle. La mère tue la maîtresse. Au lieu de rendre la femme plus chère en la rendant sacrée, le premier enfant brise tous ces liens qui, hier encore, étaient des guirlandes et qui aujourd'hui paraissent des chaînes. L'homme se dégoûte et surtout s'inquiète : la question d'intérêt vient compliquer toutes les autres. Si l'on garde la femme, il faudra en même temps garder l'enfant, finir par le reconnaître, accepter une charge et une responsabilité qui vont durer toute la vie.

On aime mieux briser ; on brise, les uns en laissant une dernière aumône, les autres sans tant de cérémonies et surtout sans tant de frais. C'est ainsi que la fille mère est presque inévitablement une femme abandonnée.

Aussi la stérilité passe-t-elle pour un don du ciel dans ces limbes du mariage. On la souhaite avec ardeur, ou s'efforce de l'obtenir;

mais le ciel distribue inégalement ses faveurs, et la moyenne de maternité se retrouve toujours.

L'abandon a eu lieu ; le faux ménage est brisé. Que va devenir l'enfant? C'est une question incidente, malgré les résultats assez graves que peut entraîner sa solution. Il y a l'infanticide maternel, qui la tranche directement ; il y a la mort en nourrice, autrement dit l'infanticide rural, qui la tranche d'une façon indirecte. Mais que l'enfant subsiste ou non, qu'il faille ou non pourvoir à son entretien, ce n'est qu'un surcroît de plus. Avec ou sans ce surcroît, la mère est forcée de vivre et de demander sa vie à la seule ressource qui lui reste.

Reprendre l'ancien travail, revenir à la couture ou aux autres métiers manuels? L'habitude n'y est plus ; le pain quotidien n'y serait pas davantage. Il faut prendre un parti et le prendre vite. Alors, de la situatio-

à mi-côte que sauvaient encore ses équivoques et ses obscurités mêmes, on glisse au métier. Et le métier c'est la dépravation publique, le commerce plus ou moins clandestin ; c'est la prostitution !

VIII

LES RESTRICTIONS CONJUGALES

Les carrefours engorgés de prostitution, toute la ceinture de la capitale suant le vice et déversant l'ignominie, la misère souillée par la débauche, Saint-Lazare évadé et débordant sur la ville entière, les ménages à trois et les doubles ménages — tout cela a une conclusion et une résultante naturelle.

C'est la complication des amours produisant ce fait monstrueux de la diminution des enfants, la soif du luxe et du bien-être atteignant la famille dans ses fibres intimes, dans ses sources vives ; — c'est la maternité considérée du haut en bas de l'échelle sociale, chez les femmes du monde aussi bien que dans le monde des filles, comme une charge, comme un fléau.

C'est la civilisation, avec ses raffinements et son éclat, avec ses apothéoses et ses féeries, aboutissant à la fausse-couche.

Voilà ce qu'on doit regarder sans fausse honte et avouer sans pudeur fausse.

Au sein même de la civilisation moderne, dans le magnifique épanouissement des arts et de l'industrie, dans cette merveilleuse éclosion des prospérités matérielles, il est deux choses qui s'en vont, deux institutions sociales sur lesquelles, — si l'on ne réagit vigoureusement, — on pourra jeter la pelletée de terre et qui reposeront dans la mémoire des érudits, avec l'épigraphe banale : « Souvenir et regrets ! » le mariage légal et la maternité régulière.

Le mariage est devenu pour les filles pauvres, j'entends les jeunes filles sans dot, un mythe vainement poursuivi, espoir chimérique auquel les plus raisonnables n'essayent même pas d'atteindre. Il y a des hasards, il y a des rencontres; mais en principe une fille sans dot ne peut trouvèr preneur.

Dira-t-on qu'elle peut épouser un homme sans fortune, un employé vivant de son travail? Mais, avec les charges du budget moderne, cette association de deux valeurs devenues négatives, qui constitue le mariage d'inclination proprement dit, est la pire des maladresses et le plus faux des calculs, si de part et d'autre on n'agit pas avec le même esprit de sacrifice, la même ardeur de dévouement.

Le calcul est faux, parce qu'en fait l'homme pauvre qui épouse une femme pauvre n'est pas l'égal de cette femme. Tant qu'il restera célibataire, tant qu'il luttera, à ses risques et périls, dans la grande bataille de l'existence, il conservera mille ressources que son mariage même réduit à néant.

Dans la société contemporaine, telle que l'ont laissée quatre ou cinq révolutions, avec ses préjugés, ses méfiances, avec l'aristocratie de ses dédains à l'égard de la misère ou tout simplement de la gêne, autant le célibataire a d'indépendance, autant l'homme pauvrement marié se heurte à des obstacles sans cesse renaissants ; c'est une non-valeur qu'on écarte en vertu de ce principe que, dans une société bien réglée, tout ce qui n'est pas utile est nuisible ; toutes les routes se ferment devant lui.

En obéissant à sa passion, en cédant à l'entraînement de l'imagination ou du cœur, il a abdiqué son avenir ; à chaque pas qu'il tente dans les sentiers nouveaux, il traîne derrière lui le lourd boulet de l'union conclue dans un moment de fièvre et qu'il accusera peut-être toute sa vie.

C'est un fait constaté, que la plupart des mariages d'inclination concluent tristement dans les reproches et l'aigreur réciproques, dans la désillusion mutuelle et les basses cruautés de l'égoïsme déçu. Ces ménages qui végètent et se traînent péniblement au jour le jour aggravent encore leur infortune en y mêlant le vieux levain des récriminations. Il ne reste qu'une situation fausse, une gêne sans issue. La femme n'a rien gagné à cette union où l'homme a tout perdu.

L'un et l'autre, ils se sont jetés dans l'impasse de l'amour.

L'homme pauvre n'épousera donc pas une fille pauvre; ou, s'il le fait de sang-froid, il fera une mauvaise affaire doublée, on peut dire le mot, d'une mauvaise action véritable, car il entraînera sa compagne dans une série de déceptions et de mécomptes indéfiniment prolongée.

En principe il s'abstiendra, et la fille sans dot restera vouée aux tristesses du célibat ou aux aventures des unions illégitimes. Croyez, d'ailleurs, que si l'on disait toute la vérité à cette fille sans dot, si on lui exposait le problème social dans toute sa netteté, si on lui montrait d'une part la stagnation misérable des ménages gênés, de l'autre la surface accidentée de la vie d'aventures, elle préférerait encore courir les chances de la grande loterie parisienne.

Il est vrai qu'elle ne raisonne pas d'une façon aussi précise; mais elle subit la pression violente de la nécessité, ou bien elle va d'instinct; mais elle va droit devant elle; elle se jette sur la grande route des perditions inévitables. Elle se déclasse. Et qui peut l'arrêter? Rien ne la retient dans sa caste, ni à son rang; le lien manque, ou, pour mieux dire, il est perdu. Ce lien c'était le mariage d'inclination, le salut de la femme pauvre. — Le mariage d'inclination n'est plus maintenant qu'une porte fermée sur deux avortements.

Aujourd'hui, riche ou non, un homme ne peut épouser qu'une femme riche ; toute autre combinaison le livre, pieds et poings liés, aux tortures de la gêne. L'existence devenue si lourde, le luxe et même le simple bien-être se sont tellement compliqués, qu'à bien compter, il n'est plus de grosse dot. Toute héritière, si considérable que soit l'avancement d'hoirie qu'elle apporte à la communauté, apporte en même temps des goûts de dépense exactement proportionnés, dont l'entretien représente à peine le capital et dévore le produit journalier.

Une fille millionnaire connaît ses droits. J'admets qu'elle n'a fait que passer du dortoir du couvent à la chambre nuptiale : si court qu'ait été le moment de la transition, il a suffi pour lui apprendre le code.

Aussi les jeunes filles richement dotées, dès qu'elles sont mariées, ont leur comptabilité particulière, leur budget spécial, leur caisse à part. Il en est qui gardent la clef pour elles seules ; d'autres, par confiance naturelle ou par simple paresse, la laissent aux mains de leur associé. Dans ce cas, le mari devient une sorte de gérant un peu plus intime, peut-être plus fidèle, un caissier avec qui l'on couche.

Je prends l'hypothèse la plus favorable, celle d'une union où la comptabilité sera régulière, où la femme et le mari, ayant des droits égaux, se maintiendront dans des limites de dépenses proportionnées à leur fortune réciproque, où les époux, connaissant bien leur budget, n'en dépasseront jamais les frontières naturelles, où ils sauront, en un mot, se borner au strict superflu : tout ira bien dans les premiers temps ; mais il y a un côté d'imprévu qui viendra les surprendre, dérangera l'équilibre du *doit* et de l'*avoir*, la balance du grand-livre.

Cet imprévu, c'est le côté des enfants, c'est la maternité.

Il est certain que dans un ménage l'arrivée des enfants produit un trouble budgétaire immédiat. Ce ne sont pas tant les dépenses présentes qui causent ce bouleversement que la nécessité qui s'impose d'économiser pour l'avenir, de préparer un sort à cette nouvelle famille. Des filles, il faudra les doter ; des fils, il faudra les établir. La saine raison veut qu'on s'y prenne d'avance, et comme en général les ménages riches sont des modèles de raison, — rendons-leur cette justice, — ils ont trouvé une sage moyenne qui concilie tous les intérêts. Ils économisent les enfants.

Je ne dis pas qu'ils s'en privent absolument : ce serait tomber dans l'excès, et ils sont ennemis de l'excès. Tout simplement, on fait la part du feu, on va jusqu'à un maximum de deux enfants. Après quoi jeunes ou non, amoureux ou non, on stationne indéfiniment.

Le mari ne veut pas aller plus loin et la femme ne demande pas mieux. Elle pense à sa beauté, que pourrait compromettre la visite plus fréquente de la déesse Lucine, à la fraîcheur de son teint, à la flexibilité de sa taille. D'ailleurs, est-ce que deux enfants ne sont pas déjà une charge suffisante ? Tout surcroît serait écrasant. Comment soutenir le train habituel ? Monsieur veut-il supprimer sa voiture ? madame veut-elle remercier son couturier ? Le mari renoncera-t-il à son cercle ? la femme renverra-t-elle les invitations de soirées ? Il faudrait rayer le séjour des eaux du chapitre des distractions, il faudrait vendre la maison de campagne, peut-être même faudrait-il monter à l'étage supérieur ? Autant d'idées ridicules, d'impossibilités matérielles. On ne peut rompre en un jour avec le comfort de toute l'existence. Enfoncé dans une douce habitude, on y reste. Dans une maison ordonnée, les enfants sont l'imprévu ; réglons l'imprévu.

Ainsi parle la femme et le mari l'écoute. Après tout, n'est-ce pas un sage calcul, exact et rigoureux ? Il faut être raisonnable, éviter les surcharges à un budget déjà trop lourd. Il faut se dérober. On se dérobe.

C'est ainsi qu'avec la bonne foi et la sérénité de l'égoïsme, tant d'époux vivent tranquilles dans une continuité quotidienne d'infanticides négatifs. La question d'argent domine tout le reste ; elle calme les sens et modère les appétits. Dans la plupart des unions on croit faire pour le mieux en pratiquant cette théorie économique, avec la plus sérieuse des obstinations. On maintient le mariage dans le bon ordre et dans la prospérité matérielle en atteignant le mariage dans son but même, dans sa raison d'être : la maternité.

Le mal a pris une telle gravité dans ces derniers temps, il s'est généralisé dans une telle proportion, que les moralistes officiels ont fini par s'en apercevoir et ne finissent plus de s'en plaindre. Mais, au lieu d'atteindre le fléau dans ses sources mêmes et d'en rechercher les origines, tous s'en prennent aux doctrines économiques, au malthusaïsme, qu'il est plus facile d'injurier que de comprendre et qui n'est pour rien dans ces économies d'alcôve.

Malthus, qui sera sans doute compris trois cents ans après sa mort, comme Machiavel, a simplement essayé d'établir qu'un pays de dimension médiocre et de population raisonnable est infiniment plus prospère qu'une vaste agglomération. De là à conseiller de réduire la production, il y a tout un monde. Ce qui doit consoler l'ombre de Malthus, c'est que, de tous ceux qui parlent de ses doctrines, personne ne semble avoir lu ses livres.

En attendant, on impute à ses théories, à ses conseils, les progrès croissants du fléau. Dieu sait pourtant s'il a pu prévoir le progrès de la cherté générale, l'augmentation des dépenses courantes coïncidant avec la fièvre du luxe, les charges innombrables des budgets modernes, la passion de la toilette, des courses, des bains de mer! Car c'est ainsi que le problème se pose ; il faut épargner d'un côté ou de l'autre, — à l'intérieur ou à l'extérieur, — pour équilibrer le budget. Si la majorité des ménages gênés aime mieux économiser un enfant dans son année qu'économiser une saison d'eaux, franchement est-ce la faute de Malthus ?

Il y aurait beaucoup à dire, au point de vue de la morale pure, sur cette grande théorie des restrictions conjugales entrée dans la pratique universelle. Elle atteint le mariage dans son but même et dans sa rédemption ; elle le dénature et le ramène sous une forme hypocrite aux brutalités de la passion physique ; elle enlève à la femme son caractère sacré d'épouse et de mère, à l'amour son cachet divin de source créatrice. Et ses effets vont plus loin encore ; sa flétrissure remonte plus haut. Elle souille la maternité passée du crime continu de la stérilité volontaire.

C'est là le côté intime de la question, celui qui se rapporte au principe de l'institution si étrangement défigurée. Reste le côté des conséquences.

Les dernières statistiques, — la statistique officieuse de M. de Lavergne, la statistique officielle du ministre de l'intérieur, — établissent qu'un arrêt s'est produit dans l'accroissement de la population. Tandis que les peuples voisins se multiplient dans des proportions notables, la France menace de devenir stationnaire. Et ce sont les départements riches qui donnent le signal de cette dégénérescence. Dans une des contrées les plus prospères, dans le Calvados, le nombre des naissances est inférieur à celui des décès.

Voilà les résultats du malthusaïsme détourné de son sens véritable ; le fléau qui engage et qui menace l'avenir. Les économies d'alcôve, les restrictions conjugales nous mènent droit à la dépopulation graduelle. Et si rien ne vient arrêter cette marche descendante, nous mourrons dans l'impureté stérile des civilisations avortées.

IX

LE MALTHUSAISME PAR OMISSION

Les réductions dont je viens de parler, les économies directes, voulues, conscientes, sur la famille même, sur le nombre des enfants, cette intervention quotidienne des raisons budgétaires venant arrêter les deux époux au seuil de la maternité constituent ce qu'on peut appeler le malthusaïsme par restriction. Il en est un autre, également facile à définir. C'est le malthusaïsme par omission.

Celui-ci, au lieu d'être la résultante

naturelle des ménages gênés, forcés d'équilibrer leurs comptes et de modérer leurs appétits, est la conséquence logique des mariages d'argent, de ces unions purement financières où le maire constate, où le prêtre bénit les sympathies de deux coffres-forts. Le mariage d'argent a produit un double résultat : le développement des deux ménages que nous avons indiqué plus haut et la ruine du ménage véritable.

Depuis que le mariage d'argent est entré dans les mœurs, accepté, encouragé, favorisé par tout le monde, depuis qu'il est devenu l'idéal des oncles et des tantes, des grands parents et de tous les gens raisonnables, la maternité a subi une nouvelle atteinte.

Qu'arrive-t-il, en effet, au sein de la plupart de ces unions où les parents ne se sont préoccupés, en sages tuteurs, que d'assortir les fortunes et les convenances ? C'est que le ménage ne s'établit même pas, c'est que l'intimité manque dès le premier jour. Où devrait se trouver la double cohabitation physique et morale, l'une fait toujours défaut, parfois toutes les deux. Il y a connexité des fortunes : même hôtel, même raison sociale. Et rien de plus.

Pas de foyer. Peu d'enfants.

Or, le mariage d'argent va s'étendant chaque jour dans d'incroyables proportions. On élève la jeunesse à le considérer comme le seul but pratique, comme un devoir de caste.

Prenez dix jeunes gens riches, élevés au sein de leur famille, restés sous la tutelle de leurs parents, maintenus dans la bonne route par cette main que rien ne peut remplacer. A quoi se réduira neuf fois sur dix ce fort enseignement de l'expérience et de l'autorité paternelles ?

A tenir en garde ces lutteurs de demain ; ces soldats qui vont entrer dans la bataille de l'existence, contre les surprises du cœur, contre les entraînements de l'imagination.

Ce qu'on craint pour eux, avant tout, ce que l'on considère comme le pire des dangers aboutissant à la plus irréparable des déchéances, c'est le mariage d'inclination, l'union avec une fille qui n'apportera dans la balance que son amour ou sa beauté. Sur ce chapitre-là le père est intraitable, il a mille raisons à faire valoir, mais avant tout la gloire du nom, l'esprit de caste, la grande franc-maçonnerie de la richesse qui ne permet pas de s'évader et ferme toute porte de retour au déserteur.

« Fuis les entraînements de la passion, ne te laisse pas aller aux palpitations de cœur, garde-toi bien de te lier pour la vie. L'amour est chose passagère et frivole, facile d'ailleurs à satisfaire quand on est riche, sans trop de formalités, sans autre embarras que celui de la dépense. L'amour est un caprice, le mariage est une affaire; plus on la fait brillante, plus elle reste solide. La beauté passe ; ce n'est pas d'elle qu'il faut se préoccuper, mais de la dot. Sait-on ce qu'on fait quand on prend une femme par amour? La passion est aveugle, et, comme elle n'est pas éternelle, de tristes déceptions peuvent suivre ce premier élan. Le mariage d'inclination est une loterie sans gros lot. Avec une dot, au contraire, rien de pareil à craindre : elle est le lendemain ce qu'elle était la veille. On sait ce qu'on prend en prenant un coffre-fort. »

Voilà ce que dit le père, avec une bonne foi incontestable et une autorité rarement contestée, au fils qu'il veut prémunir contre les piéges de la grande mêlée parisienne. Le terrain est si admirablement préparé que la semence y germe vite.

La jeunesse reçoit une éducation assez pratique pour qu'on n'ait pas à craindre de la voir s'égarer dans les voies du sentiment. Les procédés modernes ont accompli sous ce rapport des merveilles de perfectionnement. Où est cette belle candeur d'autrefois, fin duvet de l'âme ? où est cette fière indignation ? où est cette admiration débordante ? qu'a-t-on fait de ces plantes délicates qui poussaient jadis dans le beau jardin de l'idéal solitaire? Hélas ! elles ont été flétries, desséchées, dispersées à tous les horizons, par le vent qui souffle sous ces latitudes dévorantes.

Il y a maintenant dans les régions juvéniles un double simoun qui brise, broie, écrase et fait de tout arbre vert du bois mort. Ce simoun, c'est d'abord l'ironie, la moquerie, le dédain des idées, des hommes et des choses, dans le français du boulevard : la blague.

Nul n'y échappe. Au collége, les anciens briment les nouveaux. Ceux-ci souffrent et se révoltent ; mais l'année suivante, ils brimeront à leur tour.

Il en est de même à l'école de l'éducation pratique. Qui a été brimé brimera. Aujourd'hui blagué, demain blagueur. La grande maladie de la France, c'est la peur du ridicule. Prêter le flanc à la causticité du voisin, quoi de plus redoutable ? A tout prix, il faut échapper aux atteintes du fléau. On revêt tel costume, on adopte tel point de vue, on endosse tel paradoxe. Sur ce point, la jeunesse contemporaine est deux fois française. Se montrer telle qu'elle est, avec ses croyances, ses admirations, ses colères, — et surtout ses passions, allons donc ! nous prenez-vous pour M. Prud'homme ? Et là-dessus le brave garçon de la veille, au lieu de rester ce que Dieu l'avait fait, adopte une pose, se colle un masque sur le visage, le masque gouailleur et il est tranquille, il n'est plus ridicule, il ressemble à tous les autres.

Être amoureux, quelle folie! céder au sentiment, quelle candeur! On le lui a dit sur tous les tons, on le lui a crié sous toutes les formes. Il le croit et il se moque de l'amour pour éviter qu'on se moque de lui au grand soleil du respect humain. En lui passant la robe prétexte on a bouclé sous ses bras l'armure de la raison. Et ce qui était au début un simple paradoxe de tenue devient une habitude de conduite.

Aussi voyez avec quelle rapidité singulière a disparu ce type, jadis à la mode, et qu'on pouvait croire éternel comme la nature humaine : l'amant. Il y a des maris en titre, il y a des collaborateurs. D'amants proprement dits, aucune trace. Adolphe? René? Werther? Démodés comme des troubadours de pendules. Vous ne voyez même plus de don Juan essayant de fracturer les portes de l'hyménée. Pas si bête ! Les jeunes gens d'aujourd'hui savent ce qu'il en coûte de braconner sur les terres d'autrui.

Cet ensemble de dangers, ces mille complications qui passaient jadis pour l'assaisonnement délicat, le premier condiment de l'amour illicite, effraient aujourd'hui ou fatiguent cette jeunesse essentiellement positive. Elle ne tient ni au commencement ni à la fin de l'aventure ; les sérénades l'ennuieraient et elle ne se soucie pas des duels. Se faire tuer pour la femme d'un autre, grand merci ! A vrai dire, ce n'est pas là le seul risque. On peut étouffer dans un placard ou gagner une fluxion de poitrine sur un balcon. On peut se compromettre, laisser un lambeau de sa réputation dans une série d'accidents, et se fermer la porte des beaux mariages.

L'amant, d'ailleurs, n'est plus intéressant. Pourtant on en fait bon marché ; depuis M. Scribe, le théâtre l'a sacrifié au mari trompé. Celui-ci est maintenant l'ange de la scène; il la traverse de long en large avec l'auréole de l'adultère ; tous les Sganarelles sont des martyrs. C'est humiliant d'être amant, et personne ne veut s'engager dans une aventure où l'on risque à la fois les coups d'épée, les courants d'air et le ridicule.

Je ne dis pas qu'il faille regretter cet ancien déréglement de la passion. Les esprits utilitaires peuvent même voir, dans l'état actuel des mœurs, un certain progrès, une sorte d'endiguement du fléau, tout en se rappelant le ménage à trois et les basses complaisances qui permettent maintenant d'entrer dans l'adultère sans fracturer aucune porte.

Ce qu'on doit regretter, c'est le ressort

moral, l'ardeur sincère, tous ces élans de jeunesse qui se tenaient l'un l'autre par les mille liens invisibles de l'idéal, qui formaient comme une chaîne éclatante dont tous les anneaux ont fondu à la fois.

L'amoureux est mort le lendemain du jour où mourait l'amant.

Amoureux ! Pour quoi faire ! Passionné ! Allons donc ! Je vous le demande sincèrement, à quoi cela servirait-il d'apporter de la passion dans une affaire aussi simple que le mariage ? Il y faut un habit noir, des gants blancs, du linge immaculé, des allures de diplomate, quelques temps de valse et des chiffres bien concluants à présenter au beau-père, en échange de chiffres non moins probants. Donnant donnant. Le mariage ne demande qu'une seule conviction, celle de l'arithmétique.

Aujourd'hui, quand un jeune homme riche voit arriver l'âge critique, celui où le ménage légitime devient une convenance, lorsqu'il veut consolider sa position sociale, s'étoffer, en quelque sorte, il n'a besoin de chercher ni bien loin ni bien longtemps, les affinités de fortune étant plus faciles et plus fréquentes que les sympathies de caractère ou les entraînements du cœur.

Il est d'ailleurs toute une foule d'intermédiaires, amis, parents, cousins, prêts à signaler les occasions, au courant de toutes les convenances réciproques, connaissant le menu détail de toutes les fortunes, haute coulisse, véritables agents de change du monde riche, qui tiennent dans leurs mains les transactions matrimoniales et qui reportent des héritières fin courant, sans craindre l'embarras de ces valeurs très-négociables.

Une fois les deux coffres-forts en présence, le règlement des intérêts marche vite. Des rapports de politesse remplacent l'entr'acte et font patienter dans l'intervalle. En homme du monde, le futur est doux, prévenant, attentif ; il applique à sa fiancée l'exacte et stricte théorie des rapports sociaux, ni plus ni moins. Il ramasse l'éventail et n'oublie pas de réclamer son tour de contredanse. Le malheur est que cinq fois sur dix il ignore le nom de sa fiancée, et que dix-neuf fois sur vingt il ne la reconnaîtrait pas s'il la rencontrait ailleurs que chez ses parents vénérés.

Conclus sous de tels auspices, il est facile de deviner comment aboutissent les mariages d'argent, ou plutôt comment ils n'aboutissent pas. Ce qui manquait avant la cérémonie légale manque également après. On n'avait ni sondé les caractères, ni essayé d'appareiller les cœurs et les intelligences. Cette intimité dont on s'était passé au début, on s'en passera jusqu'à la fin. L'affaire continue et reste une affaire. Elle garde son caractère spécial d'association financière ; à la venue du premier enfant, dès que la grossesse de la mère lui fournit un prétexte convenable, monsieur retourne à son cercle, qu'il n'a jamais complétement quitté.

Le « plongeon » est fini, et c'est pour la vie entière ! Les époux redeviennent deux associés. Ils rentrent l'un et l'autre dans les relations de simple politesse ; ils gardent l'attitude correcte qui convient à leur rôle, sans songer à en sortir. Ces deux existences sont juxtaposées sans être jointes. Tandis que le mari revient à sa vie de garçon, la femme reprend, en fait, sa chambre de jeune fille. Elle a gagné le droit d'avoir ses diamants, de sortir seule en voiture, d'aller voir seule ses amies. Mais si le mariage a changé ses journées, il fait peu de chose, — ou rien, — à ses nuits.

Voilà le mariage riche tel qu'il est accepté et compris, avec l'ensemble de ses pratiques négatives et sa correction de tenue, aussi meurtrières en somme, aussi profondément immorales que les calculs des couples gênés. Seulement c'est une stérilité de bon ton, aristocratique, bien portée, à peu près convenue dans le contrat, une sorte de clause de style qu'on n'a pas besoin d'indiquer formellement pour qu'elle soit exécutée des deux parts.

On sait ce mot féroce d'une belle-mère à son gendre qui avait fait coup sur coup quelques exceptions à la règle commune : « Prenez-vous ma fille pour une couveuse? » Le reproche était grave, et résumait à lui seul toutes les théories d'un certain monde sur l'article de la maternité.

Foyers sans rayons, ruches sans abeilles, maisons sans enfants!

X

COMPENSATIONS

Ainsi concluent les mariages d'argent. La femme, confinée dans son abandon, arrive naturellement à la stérilité. Le malthusaïsme par omission est la première et la plus inévitable conséquence de ces situations fausses.

Il en est d'autres, et d'une telle gravité qu'on ose à peine les indiquer. Et cependant on n'a pas à craindre d'aggraver le mal en le signalant, car il s'agit d'un fléau qui a grandi dans la pénombre des complicités souterraines, et dont une contagion sourde a produit tout le développement.

Je veux parler d'une exception si monstrueuse, qu'elle garderait encore son caractère exceptionnel quand même elle viendrait à s'étendre davantage ; mais si flagrante en même temps, si naturellement sortie du foyer de corruption, qu'il est impossible de la passer sous silence. Symptôme ou châtiment, avertissement ou punition d'en haut : — la théorie et la pratique des compensations féminines.

Car c'est là, dans ce dernier bas-fond des intimités criminelles, dans le plus indéfinissable des adultères, dans la corruption de l'amitié devenant une contrefaçon de l'amour, que peuvent aboutir, qu'aboutissent quelquefois les femmes livrées à elles-mêmes, abandonnées à tous les dangers de l'oisiveté, aux mauvais conseils des heures lentes, aux suggestions du vide matériel et moral.

L'abîme les attire; ni le foyer désert ni la maison sans enfants ne les retiendront, dès que l'imagination dépravée aura pris son essor.

Il est des femmes qui tombent ainsi et qui doivent nécessairement tomber dès qu'elles ne trouvent pas dans le mariage ce que le mariage leur devait, la plénitude de l'esprit et des sens. Chutes sans retour, sinon sans excuses. Il faut se représenter, pour bien comprendre cet autre côté des mœurs contemporaines, tou les dangers de ces éducations de serre chaude, de cette vie du pensionnat ou du couvent, prolongée parfois jusqu'à dix-huit ans; ces liaisons si dangereuses et si impossibles à éviter, qui commencent par le mysticisme pour conclure dans la réalité la plus brutale, cette exaltation réciproque d'âmes encore ignorantes, cherchant à tout deviner, n'hésitant pas à tout croire, livrées au double péril de l'entière innocence et de l'inconscience parfaite, cette fièvre multipliée par le contact, cette fermentation mutuelle, ces rêves, ces confidences, cette école buissonnière, incessante et funeste, au pays des plus étranges chimères.

Ces impressions pernicieuses passent sans doute sur beaucoup de jeunes filles sans laisser d'autre trace qu'un souvenir vague; mais certains tempéraments gardent une marque plus profonde, une sorte de cicatrice toujours prête à se rouvrir.

C'est à ceux-là qu'il faudrait, pour arriver à la guérison complète, les occupations et les fatigues du ménage, les soins austères de la maternité, tout ce bagage, tous ces fardeaux du mariage qui en sont aussi la garantie la plus sûre et la plus complète. Figurez-vous, au contraire, ces natures à la fois lymphatiques et fougueuses, nerveuses et mélancoliques, abandonnées à elles-mêmes dans la solitude de la maison conjugale, blasées avant l'expérience, désillusionnées avant le temps. La réaction se produit, et cette réaction est un simple retour.

Voilà les âmes à jamais perdues, celles qui cherchent à s'assouvir dans un mirage plus chimérique encore que criminel. On peut s'arrêter sur la route du véritable adultère; s'il y a des repentirs, il y a aussi des lassitudes; mais ces contrefaçons basses et folles ont leur châtiment dans la fièvre inextinguible qu'elles portent en elles.

> Faites votre destin, femmes désespérées!
> Et fuyez l'infini que vous portez en vous!

Et c'est ainsi qu'à force de creuser dans ces deux ornières de la vanité contemporaine, la passion du luxe et l'habitude du vice, on glisse successivement des premières dépravations à toutes les combinaisons qui outragent la nature et déshonorent l'humanité.

C'est ainsi qu'à cet étalage littéraire, qui est le véritable étiage de la moralité d'un temps, dans la grande montre du roman, on voit les types monstrueux se détacher sur les peintures malsaines, la galerie s'étendre chaque jour pour recevoir des hôtes nouveaux, mademoiselle Giraud succédant à madame Bovary, et la description honteuse des amours innommées aux tableaux violents de l'adultère hystérique.

C'est ainsi qu'on va de Malthus à Sapho; c'est ainsi qu'on tombe de Cythère à Lesbos

XI

LE ROLE DE LA FEMME

On nous demandera peut-être de conclure. Ce qui conclut, c'est la logique même des événements, c'est le niveau intellectuel et social de la nation baissant à mesure que baisse l'élément féminin ; c'est la grève de l'humanité morale s'accentuant à mesure que s'accuse la grève de la maternité physique ; c'est la civilisation s'épuisant sur place, s'enfonçant dans une stérilité morbide, remplaçant l'équilibre de la production par le raffinement du vice.

Cet ensemble de phénomènes intimement liés, se tenant l'un l'autre, et s'enchaînant par une suite de déductions toutes naturelles, n'a qu'une explication plausible, comme il n'a qu'un remède acceptable. La femme a été déclassée de son rang, dévoyée de son chemin. Il faut lui rendre sa place et son rôle, si l'on veut qu'elle exerce en même temps son influence bienfaisante et nécessaire.

Au fond, ce rôle est simple et facile à comprendre, pourvu qu'on s'y applique de bonne foi, sans préoccupation politique, religieuse — ni même littéraire. Rien ne sert de quintessencier sur ce sujet délicat, mais net, sur ces principes élémentaires qu'on a confondus et bouleversés en y cherchant des dessous complexes, des combinaisons théoriques, aussi éloignées de la pratique matérielle que de la vraisemblance morale. Il n'y a ni femmes de foyer, ni femmes de temple, ni femmes de rue, ni aucune des subdivisions qu'on a essayé d'établir. Il n'y a qu'une femme qui soit la femme, c'est la mère.

La femme, comme type spécifique, a dû être conçue de toute éternité, comme citoyenne du monde, comme partie de l'univers, a dû être créée de toute origine, dans ce but immédiat — et unique — la maternité. Le reste n'est rien, ou plutôt ce reste n'existe que comme accessoire, comme auxiliaire, comme décor et comme appui de cette fonction transcendante.

Il suffit en effet de réfléchir quelques instants, d'embrasser d'un seul regard la grande synthèse de ce monde féminin, à la fois si nécessaire au nôtre et si différent, pour comprendre sa destinée ici-bas, sa part dans l'activité humaine et dans l'achèvement de la civilisation. Est-ce l'amour qui sauvera la femme? Il la perdra plutôt, en l'absorbant; avec ses mystères répugnants, souillés encore par l'explosion brutale des désirs, — avec ses réalités matérielles dominant et corrompant les idylles les plus fleuries, il ne serait jamais pour la femme que le plus monstrueux des aboutissements et la plus désillusionnante des chutes, — s'il n'était autre chose et mieux que cette satisfaction passagère des appétits, — s'il n'était la grande, l'indispensable transition pour arriver à la maternité.

Voilà ce qu'il faut dire bien haut. C'est la mère qui sauve l'amante; c'est la puissance fécondante, la source de vie sans cesse renouvelée, qui elle-même renouvelle le flot des générations. Et, dans les abandons les plus absolus, dans les chutes les plus basses, dans les élans les plus inconscients, la femme n'en obéit pas moins à cette intuition qui la dirige et la domine:

l'instinct maternel. Qu'elle cède au délire de l'imagination, que l'azur de la poésie ou les fumées du vice lui cachent le but véritable, elle va droit à la maternité comme à sa rédemption.

Dès que la jeune fille, hier encore presque neutre, flottant dans ce milieu vague, dans cette brume incolore qui sont les limbes du sexe, a senti tressaillir en elle les premiers appels de la puberté, dès qu'elle est femme, elle n'appartient plus ni à elle-même, ni à personne, ni à sa famille, ni à ses rêves, elle appartient à l'enfant, et, que la fonction s'accomplisse ou non, qu'elle touche ou non au but primordial, elle n'en restera pas moins toute sa vie sous l'impression immédiate et intense de cette sensation poignante qu'on pourrait appeler l'obsession du devoir.

C'est son devoir en effet, le plus grand et le plus beau, le plus haut et le plus noble, celui qui la sanctifie — et qui l'explique.

Comment comprendre sans cela, comment justifier l'abandon rapide, complet, absolu qui se fait dans l'esprit de la jeune fille quand elle passe du sein maternel au bras de son mari. La Bible dit : « Tu quitteras ton père et ta mère, ton foyer et ta nation pour suivre l'époux de ton choix. » Mais ce que dit l'Écriture sainte, la nature l'avait dit dès le premier jour ; elle avait mis au nombre de ses lois fondamentales ce détachement irrémédiable, cette rupture de tous les liens, de toutes les fibres intimes qui joignaient le cœur de l'enfant à celui de ses parents.

Et ceux-ci auraient tort de se plaindre ou d'être jaloux. La fille qui les quitte n'était plus depuis longtemps leur bien, leur propriété, une partie de leur être moral. Elle n'appartiendra pas davantage à l'époux, si intime que soit l'union de la chair et des cœurs. J'ai montré quelle loi suprême — dominant les appétits matériels, dirigeant les caprices de l'imagination, utilisant même le dérèglement des sens — la tenait courbée sous sa fatalité inéluctable.

La créature féminine n'a que deux rôles ici-bas — enfant, ou mère ; elle n'a que deux phases dans sa vie : avant l'œuvre créatrice, et pendant. A peine éclos, son idéal l'entoure, l'absorbe et la transforme.

XII

LA MATERNITÉ

Ce que j'ai dit de la maternité physique, il faut encore, il faut surtout l'entendre de la maternité morale.

Dans le monde des idées et des mœurs, du progrès et de la civilisation, la femme joue le même rôle que dans le monde matériel. Elle est la source de vie, l'élément essentiel et fécondant, la première et indispensable génératrice. Là aussi, elle est la mère. Dans cette région supérieure aux instincts comme aux nécessités de l'animalité vulgaire, à ces altitudes qui sont la patrie véritable de l'humanité, l'influence féminine est indéniable et souveraine. Le monde avec la femme comme reflet divin, ou plutôt comme divine créatrice, est un rayon de l'infini lancé à travers l'espace, mais toujours rattaché à sa source féconde. Le monde, sans la femme, est un foyer qui se consume lui-même et dévore sa substance sans jamais la renouveler.

En fait, la femme ici-bas a une tâche et une mission providentielles. Mais il importe d'en caractériser nettement la nature, afin d'éviter toutes les équivoques. Intimement créatrice, au pays de l'idéal, elle ne l'est pas dans le sens pratique et usuel du mot, elle ne procrée pas directement, elle ne tire pas de son sein la création transcendentale, comme elle tire de ses flancs la créature physique. Ici les rôles sont retournés. Ce n'est pas elle qui est fécondée, c'est elle qui féconde. Elle ne produit pas, elle inspire.

Voilà le phénomène incontestable qui se double d'une vérité physiologique de la plus haute importance. Dans le monde moral la femme n'est pas ouvrière.

Rien ne lui convient moins que l'exécution. Elle est faite pour concevoir, pour inspirer, pour guider. Elle a l'intuition, la seconde vue, et aussi, mieux que personne, quand elle veut, elle a la vue présente, l'œil du maître. Elle n'a pas la main de l'artisan.

Constitution morale qui ressort visiblement de son organisme physique. L'anatomie est toute différente, chez les deux sexes, depuis la conformation cérébrale jusqu'à la disposition des centres nerveux. Le sang, lui-même, et l'appareil respiratoire offrent des diversités frappantes. L'équilibre habituel chez l'homme, maintenu par le juste contre-poids de l'action sanguine et de l'action nerveuse, est fatalement détruit chez la femme. Ce sont les nerfs qui dominent. En somme, on peut dire que, chez elle, l'âme est à fleur de peau; la sensibilité perce l'épiderme et s'offre d'elle-même aux atteintes du monde extérieur.

La femme n'est pas ouvrière, parce qu'elle est, au point de vue physiologique, un être absolument désarmé dans les combats de l'existence, parce que sa nature impressionnable, sa constitution à découvert, l'exposent aux blessures immédiates, aux meûrtrissures inguérissables. Dans ces corps frêles, aux lignes fines, aux courbes molles, à l'épiderme tiède et délicat, la prédominance nerveuse n'est autre chose que le relief de l'âme. Et ce relief continuel serait aussi un continuel danger si la femme abordait le travail de l'artisan.

L'action militante, la lutte contre les résistances de la matière ou des événements, des hommes ou des choses, ne répond à aucune de ses facultés. Elle n'est faite ni pour l'exécution ni pour l'application. Elle n'a pas la force matérielle pour exécuter les chefs-d'œuvre; elle a encore moins la force brutale pour imposer les grandes idées. Ni ouvrière, ni même martyre. Certes, il y a des femmes qui sont mortes pour une idée; mais elles ont fait exception à la règle. Ceci encore ne leur convient nullement, rentre trop dans la pratique terrestre.

Combien donc sont éloignés de la vérité psychologique plus encore que de la loi sociale les utopistes qui veulent sortir la femme de sa condition et de son milieu naturels, l'arracher à ses tendances natives, à ses instincts conservateurs, pour l'émanciper dans l'action. Cette liberté prétendue, qu'ils lui offrent comme une patrie nouvelle et qu'on pourrait appeler le pire des exils, est une servitude, étant un péril de tous les instants.

Toutes les théories progressistes qui réclament l'émancipation absolue de la femme, son intrusion dans les rôles actifs et militants, en un mot, le partage égal de la tâche virile, pêchent par ce point capital : elles contredisent la nature. Elles substituent à la logique écrasante des lois anatomiques, des phénomènes extérieurs, une conclusion absurde, la plus grotesque des bévues si elle n'était la plus dangereuse des utopies.

La pratique seule pourrait désillusionner les partisans de la « libération » féminine. Ce serait la meilleure réfutation, par l'absurde; mais il n'est pas à souhaiter que cette preuve se fasse jamais; l'application des idées émancipatrices offre de trop sérieux périls. Supposez un instant les femmes appelées à l'exécution et à l'action, admises au partage exact des attributions viriles, artistiques, scientifiques, professionnelles. Jugez !

C'est un fait hors de conteste que la plupart des métiers sont interdits à la femme. Tout l'en détourne, et sa faiblesse normale et ces accidents réguliers qui forment son irrégularité de tempérament. Mais je veux me borner, comme type spécifique et comme irréfutable argument, à ce monde des arts, qui est, en somme, le monde des idées supérieures réalisées par le ciseau, le pinceau ou la plume.

Ici, plus d'obstacle matériel, plus de fatalité physique empêchant la femme de produire. Et pourtant les résultats seront les mêmes, décevants et désastreux. Non qu'un art féminin soit impossible, il y en a des exemples partiels dans l'histoire. Mais ce sera un art raffiné et quintessencié, maigre dans l'ensemble, exubérant dans le détail, tout de nuances et de finesses, sans grandes lignes, sans corps, sans logique, — et sans portée. Un art chinois ou japonais, ornemental, décoratif, au demeurant médiocre. Ce sera surtout un art de vente et de pacotille.

Si bien que ces esprits délicats, ces mains frêles, ces tempéraments exquis et désarmés, incapables des lourdes besognes, impropres au métier véritable, font tout simplement du métier dès qu'ils s'avisent de toucher à l'art. Contradiction apparente où il faut voir un juste retour de la nature violée dans ses lois et rétablissant l'équilibre.

Et maintenant, si l'on veut savoir pourquoi la femme, la première des créatrices, serait en même temps le dernier des artisans; pourquoi à aucun degré, dans ces régions spirituelles qui semblent son asile, la femme n'est une ouvrière, l'explication en est bien simple.

Dépourvue dans le monde physique de cette force virile qui résulte de l'équilibre naturel, il lui manque également dans le monde des idées cette force morale qui est la synthèse. De là, cette infirmité manuelle, cet obstacle insurmontable toujours dressé entre elle et l'exécution.

Impressionnable et nerveux, facilement excitable et prompt à la réaction, rapide et volage, fébrile et changeant, l'esprit féminin répugne aux idées d'ensemble. Il ne sait ni dégager les principes, ni rassembler les conséquences, ni tracer ces grandes lignes qui sont le canevas des conceptions transcendantes. La généralisation lui échappe. Il sait mieux deviner que chercher ; il aime mieux user de ses facultés d'intuition si admirables, si parfaites, que s'épuiser dans un travail toujours écrasant et presque fatalement stérile. Il butine à la surface des choses et quand il pénètre, c'est inconsciemment. Il a souvent des sensations profondes, jamais des perceptions approfondies.

Et, en respectant ces limites, il respecte sa mission providentielle. La femme n'est pas un être de concentration, mais de rayonnement.

XIII

LA FEMME CRÉATRICE

Ce qui prouve clairement le principe trop méconnu que la femme n'est pas un être agissant, que le terrain de l'action et de l'exécution lui est absolument interdit, c'est qu'elle n'a pas le sentiment du droit. La jurisprudence relative, la loi conventionnelle lui échappent. Elle est en dehors et au-dessus des maximes contingentes qui règlent l'ordre social.

Fait banal, facile à contrôler : la femme ne comprend pas le droit. Le phénomène est inoffensif, en ce sens que la femme, désarmée comme elle est, par la nature, par l'éducation, par la constitution même des sociétés, ne portera jamais d'atteinte brutale et matérielle aux jurisprudences éphémères, aux codes passagers des civilisations diverses; phénomène utile, en ce sens, que la femme, si fermée aux minuties de la procédure, n'en garde que mieux le dépôt précieux, le trésor intact de l'équité souveraine.

La femme, qui ne comprend pas la justice, qui souvent la heurte et toujours la dédaigne, comprend admirablement l'équité. Mais j'ai tort de dire qu'elle la comprend. Elle la devine, elle la sent, elle est l'équité même.

La distinction n'a rien de subtil; c'est au contraire le point capital sur lequel il faut insister, celui qui caractérise le mieux le tempérament féminin et sa supériorité morale. Ce que nous disons de la justice et de l'équité, il faut le redire de toutes les autres notions relatives. Toujours et partout, sur chacun des détails où l'homme a son opinion bien arrêtée, — pratique, actuelle, contingente, — la femme a son idéal transcendant, vague, théorique, mais éternel.

C'est elle qui veille sur la toison d'or, sur le trésor sacré des principes. Être mobile par excellence, toujours battue des émotions les plus diverses, son impressionnabilité même descend des régions supérieures qu'elle habite. Aussi, plus elle est impressionnable, mieux elle garde le cachet distinctif de son sexe.

La femme, dans l'ordre de la création, est le miroir destiné à refléter les impressions d'en haut, et voilà pourquoi la nature n'a pas permis qu'elle reçût l'empreinte profonde, qu'elle gardât la marque ineffaçable des sensations terrestres. Être fugitif, aux ailes toujours ouvertes, à l'envergure toujours déployée, elle échappe au présent, même quand le présent croit la tenir le plus fortement, l'enlacer des liens les plus puissants, l'embrasser et l'étreindre. Elle échappe même aux douceurs de l'amitié, même aux ardeurs de l'amour. Elle n'échappe pas à l'idéal.

Elle y tend sans cesse, comme à la patrie perdue. D'un vol large et libre à travers les passions mesquines, par delà les ténèbres jalouses, sa pensée prend son essor vers la justice éternelle et la sereine vérité. Et peut-être n'est-ce pas seulement sa pensée, plus encore sa nature, son être intime, sa quintessence morale, cette perpétuelle aspiration, cet épanouissement continu qui est la femme.

Faculté sublime où il faut voir bien autre chose qu'une vertu, je veux dire la réalisation d'une loi providentielle. Et c'est d'autant moins une vertu, qu'il y a le plus souvent inconscience.

De toutes les créatures d'ici-bas, sans excepter l'homme, la femme est la seule qui soit condamnée aux larmes involontaires, qui pleure sans cause apparente aux heures lourdes de midi, aux tombées du crépuscule, aux changements de saison. Sensibilité mystérieuse! La physiologie accuse les nerfs. Autant accuser l'instrument passif, la harpe silencieuse, quand aucun souffle ne traverse l'espace, de répondre aux premiers appels de la brise.

Le système nerveux, l'instrument délicat aux cordes exquises, vibre à la première impression; mais d'où vient-elle? elle vient d'en haut. Comme la Sybille antique, la prêtresse s'agite sous la main du dieu qui la presse. Et quand vous voyez une femme pleurer, gémir, s'abîmer dans cette douleur vague qui tient de l'angoisse et de l'extase, ne troublez pas ce recueillement sacré; elle remplit sa fonction éternelle, elle fait pour l'homme, elle fait pour la création la grande prière de l'idéal.

XIV

L'AMOUR

Que la femme gémisse toujours sous la pression de l'idéal ; qu'elle essaye vainement de lui échapper, et que cette lutte, aboutissant à la plus haute des transfigurations, soit sa force naturelle et sa suprême grandeur, rien de plus facile à expliquer. Prêtresse et victime, ne porte-t-elle pas en elle-même la seule portion d'idéal tangible, palpable, appréciable et visible ; n'est-elle pas l'autel mystérieux, le tabernacle de la beauté?

Il n'est pas douteux que, sans la femme, l'humanité manquât de ce sens tout particulier, indéfinissable, indéfini, qu'on peut appeler vaguement le sens du beau. Il demeurerait toujours au fond de l'âme, à l'état latent, inutile, ignoré, n'ayant aucune occasion de se révéler.

Faites une Uchronie particulière; figurez-vous la société humaine soumise, quant à sa reproduction, à des lois plus simples que celles de la Genèse actuelle et privée de ce type primordial, de ce spécimen unique du beau, que la Providence a voulu attacher à la conservation de l'espèce. Le développement de l'esprit masculin se serait produit tout entier dans la direction des appétits matériels, des besoins immédiats; l'âme serait restée dans le demi-jour des combats quotidiens pour la subsistance: la vie de la brute supérieure. Elle se serait abîmée à ravers le cours des âges, faute de ce rayon sauveur, perçant les ténèbres épaisses. En admettant que l'humanité eût pu vivre et durer au sein d'une atmosphère aussi étouffée, elle concluerait maintenant dans l'abâtardissement définitif d'une civilisation qui serait un simple raffinement de barbarie.

C'est dans l'harmonie de la forme humaine, — et cette harmonie n'est réalisée que par la femme, — que réside le modèle du beau. Les contours exquis, les courbes d'un ordre supérieur n'appartiennent qu'à la femme. Elle seule possède la ligne continue, mollement infléchie, flottante et soutenue, vibrante et prolongée comme un accord musical.

La ligne existe bien chez l'homme, mais incertaine, heurtée, interrompue par la saillie des muscles, par le relief de l'ossature, par les contreforts de la charpente trop rigoureusement accentués. Chez l'homme, la ligne est le cadre sacrifié, l'entourage léger de l'édifice. Chez la femme, la ligne est le tableau même, la grâce extérieure et rayonnante, mystérieuse et souveraine.

Cette grâce qui paraît une faiblesse, résultante naturelle de cette harmonie qui est une douceur, n'en constitue pas moins la plus puissante tyrannie d'ici-bas. La beauté de la femme, le charme inhérent à l'espèce, dominent l'humanité tout entière et la soumettent en la transformant. Grâce et faiblesse, harmonie et douceur, charme et beauté, voilà les armes qui ont dompté, qui domptent chaque jour encore le troupeau humain.

Si la maternité est le but de la femme, si pour elle l'amour n'est qu'une transition, il est pour l'homme beaucoup plus, sinon son complément définitif, du moins sa véritable révélation. C'est par l'amour que l'homme s'apprend à l'homme même.

Phénomène double, profond et complexe. Ici encore il faut saisir la loi providentielle, ne laissant rien perdre, utilisant tout dans le sens de l'ordre social et du développement des êtres. Quel que soit l'amour, la passion éclose au fond du cœur, que la fleur divine ait poussé sous un rayon tranquille ou qu'elle ait surgi dans une lueur d'orage, qu'elle grandisse paisiblement ou qu'elle soit meurtrie en un seul instant, d'une seule atteinte, le résultat est le même, la création définitive s'est accomplie, l'homme est né pour la seconde fois. Il est arrivé au grand jour, à la pleine lumière de la vie morale.

On a souvent parlé de l'amour, en vers et en prose. On l'a mis tantôt sur un piédestal, dans une clarté vaste d'apothéose, pour faire mieux ressortir son charme souverain et sa toute-puissance, tantôt sur une table de clinique pour mieux disséquer ses fibres intimes et mieux étaler ses plaies profondes. On l'a analysé, caractérisé, défini ; on l'a exalté ou maudit, couronné de fleurs ou traîné dans la fange, enguirlandé de poésie ou souillé de réalisme.

On l'a montré attirant et désastreux, étincelant et perfide comme une arme à deux tranchants, faisant éclore toutes les vives ardeurs et en même temps toutes les folies, poussant l'homme aux dévouements les plus sublimes, l'entraînant aux perversités les plus grandes. Et des moralistes sévères en ont conclu que l'amour est le grand criminel d'ici-bas.

Et cependant l'amour, ce sentiment mystérieux et profond, la faculté intime et toute-puissante que nous appelons ainsi, — n'est pas plus coupable en créant l'homme à la vie morale que la nature en le créant à la vie physique. L'amour complète l'organisme masculin, lui apporte ou lui découvre des facultés nouvelles, étend le champ de l'activité humaine, élargit le cercle du libre arbitre.

Rien de plus. Après avoir révélé à l'homme les trésors cachés qui dormaient au fond de son être, après avoir agrandi et ennobli la nature, l'amour n'a pas à intervenir dans l'affirmation bonne ou mauvaise, dans l'emploi utile ou désastreux de ces dons éclos subitement.

Pris en lui-même, dégagé des circonstances extérieures, des résultats dont on le rend à tort responsable et qui lui sont absolument étrangers, l'amour n'est ni le salut ni la condamnation de la race.

L'amour est un enfantement.

XV

INFLUENCE DE LA FEMME

Il faut en effet se représenter l'amour dans le sens élevé du mot, comme une communion complète, comme la confusion morale de deux âmes. La femme toujours attirée par l'instinct maternel, toujours dominée par la loi supérieure de la reproduction et de la conservation générique, va plus loin que cette combinaison intime. L'homme y demeure au contraire et y puise ce qu'il a de meilleur. Toutes les notions supérieures qui sont le privilége de la femme et qui resteraient son monopole exclusif sans l'association providentielle et l'échange mutuel des affections, deviennent ainsi, à un degré moindre, sans doute, mais suffisant, partie intégrante de l'être masculin. Qui dit amour dit reflet. Et la mobilité même de la créature féminine, cet afflux perpétuel, ce perpétuel reflux de sensations, d'impressions idéales, concourent au but divin, procèdent de l'intention créatrice.

Enfantement complexe où l'on doit distinguer plusieurs phases : éclosion tantôt soudaine, tantôt progressive. Par la femme et l'amour, l'homme naît tout d'abord à la poésie.

Dans cette vibration profonde, dans cette pure harmonie de la beauté féminine, il découvre le secret, il saisit l'intuition des grandes harmonies naturelles. Si une tentation de l'Ève adamique a fait pousser les ronces et les épines dans le paradis terrestre, il suffit d'un regard de l'Ève régénérée pour faire épanouir toutes les fleurs de la patrie céleste.

Ce mystère perpétuel qui est la femme, cette nécessité continue de se plier aux exigences variables de l'être aimé, de les comprendre, souvent de les deviner, a également sur l'esprit masculin l'influence la plus vive et la plus heureuse. Cette énigme toujours posée, toujours à résoudre, surexcite au plus haut degré les facultés méditatives de l'homme ; elle l'habitue à penser, à sentir, à chercher au delà de l'existence vulgaire, des besoins matériels, des satisfactions brutales, elle l'arrache à l'ornière des habitudes prises, des réflexions routinières et banales. Elle lui fait, sinon saisir intimement, du moins apercevoir dans un brouillard chaud et coloré comme un mirage, tout un monde nouveau de sensations, de perceptions, toute une gamme de nuances tendres, mélancoliques, toute une suite d'horizons rapides et charmants, souples et fugitifs comme un décor de féerie.

Un autre sentiment que l'amour révèle à l'homme, est celui de sa force. L'union des corps et des âmes, en doublant l'existence, double aussi l'énergie. Les puissances latentes qui restaient inactives ou qui se dépensaient inutilement, inconsciemment, ont désormais un but, une raison de s'exercer.

Tout égoïsme est une stérilité. Voilà le fait qui domine l'existence et qui justifie l'amour en le nécessitant. Loin de diminuer la vitalité humaine en lui imposant un surcroît de fatigue et de dépense, l'union de deux êtres suivant la loi providentielle, l'accouplement de deux existences, profite de part et d'autre au développement générique. Mais c'est surtout l'homme qui a la plus large part, le bénéfice le plus immédiat dans cette connexion spirituelle et charnelle.

La vie gagne en intensité et en concentration. Un sang plus chaud bat dans les artères, une ardeur inconnue surexcite le cerveau, toutes les facultés se développent dans le sens de l'amour, — du devoir. Car l'amour ainsi compris est le devoir même, le sacrifice même, la plus haute obligation morale qui s'impose à l'homme.

La femme apparaît à l'horizon humain comme l'Aphrodite du poëte, dans un rayonnement doux, qui est l'épanouissement de son essence divine.

... *Et vera incessu patuit Dea.*

Déesse et fée tout ensemble n'apportant aux travaux d'ici-bas, à l'éclosion merveilleuse des arts et de l'industrie aucune aide, aucun secours, aucune initiative personnelle, mais fécondant d'un regard, multipliant d'un coup de baguette ces prodiges de l'in vention et de l'exécution masculines, ces manifestations du luxe, cadre naturel de l'amour, juste hommage de la force à la beauté.

Ni artiste, ni poëte, — en dépit des exceptions qui ont glorieusement empiété sur le domaine masculin, — la femme est la seule raison d'être de l'art et de la poésie. Il faut toujours en revenir quand on parle d'elle à ce don spécial de l'inspiration, à cette faculté extraordinaire, tranquille et souveraine, contemplative et toute-puissante, qui n'ajoute pas un atôme aux forces matérielles du monde mais qui leur donne le mouvement, la vie, l'activité créatrice et débordante.

La femme inspire et dirige. Elle soutient aussi et protége dans les luttes de l'existence, dans cette mêlée quotidienne où la fortune trahit souvent les plus fermes courages, dément les plus justes espérances et se plaît à rappeler l'homme au sentiment de son infériorité native, en lui infligeant la souffrance des défaites imméritées. C'est ici, c'est aux heures d'angoisse, où l'horizon semble fermé, où un ennui lourd, un désenchantement morne pèsent sur le travailleur brisé par sa tâche, sur l'artiste déçu dans son œuvre, sur l'homme trompé par la destinée et prêt à maudire la création, — qu'arrive la créature consolante, la compagne de toute éternité destinée à relever le combattant lassé ou vaincu.

Qu'apporte-t-elle le plus souvent ? Un mot, un geste, une larme ; mais dans cette larme brille la flamme, le reflet du foyer d'idéal que la femme garde toujours au fond de son être et qu'aucun souffle ne peut éteindre, feu sacré dont elle est la vestale.

Par la grâce de ses affinités supérieures, de cette vibration indéfinie dont les ondes sonores la rattachent à la grande harmonie céleste, la femme, étant toute mysticisme, est toute confiance. C'est qu'aucune notion d'absolu ne lui échappe ; c'est qu'elle joint le sentiment du bonheur parfait à la divination de la justice éternelle ; les contingences misérables du présent, les accidents passagers de la mêlée humaine, les tristesses et les violences se fondent pour elle, se décolorent et se transforment dans la lueur paisible de l'avenir.

Cet avenir de paix et de sérénité, l'homme peut le rêver ; la femme en a déjà la possession, en ayant, aux heures bénies, les joies tranquilles et les pures jouissances. Comme elle offre chaque jour, par ses tristesses vagues et ses élans cruels vers l'infini, le grand sacrifice de l'humanité, chaque jour aussi, elle trouve dans l'extase profonde de la réaction la récompense immédiate de ses efforts.

Elle est la foi; elle est aussi la charité, et le travailleur épuisé par la journée aride n'a qu'à se pencher sur la fleur épanouie pour y trouver la rosée divine.

C'est ainsi que dans la femme, à tout âge, à toute heure, par la vertu de la communion morale, par l'échange intime et perpétuel des notions supérieures, veille et survit l'amante.

Compagne dévouée du travailleur, témoin assidu des luttes de l'artiste, sœur charitable des heures de tristesse, amie modeste des jours de succès, appui fidèle de toute l'existence, voilà le rôle de la femme. Plus tard, la mère vient compléter l'amante; et c'est l'achèvement de la trinité mystique.

XVI

LA FEMME EN ORIENT

J'ai dit qu'on avait tort de traiter l'amour en criminel, de lui attribuer la responsabilité, tout extérieure, des défaillances et des chutes de l'humanité. Il faut en dire autant de la femme. Elle est indemne des arrêts ou des reculs de la civilisation; elle n'en marque pas moins l'étiage du progrès avec la plus rigoureuse exactitude.

L'histoire est là pour montrer l'influence directe et prédominante de la femme. Et tout d'abord une grande division s'impose, celle des races orientales et celle des peuples d'Occident. C'est au berceau même de la Genèse, dans le pays où la tradition biblique place la naissance de l'humanité et aussi la première faute originelle, que la femme, courbée sous une éternelle déchéance, entraîne le reste du genre humain dans une fatalité d'inertie et d'abâtardissement.

Voyez le monde oriental, le paradis sauvé, la contrée bénie, où un soleil prodigue, une terre féconde, un climat perpétuellement doux exagèrent les forces productrices jusqu'à l'épuisement, surexcitent à tel point la spontanéité de la nature, que l'homme n'a pour ainsi dire qu'à se laisser vivre et à jouir de cette féerie sans lendemain, — ce monde exceptionnel, à qui le ciel n'a rien refusé, où la matière inerte vit elle-même et palpite dans cette clarté ruisselante qui semble l'âme épanouie des choses, — ce Midi rayonnant comblé par la Providence, porte une plaie intime, inguérissable. Et c'est la femme.

Mais, là encore, toute la responsabilité du fléau remonte à l'homme, comme la punition lui arrive tout entière. Dominé, sinon par l'entraînement des sens et l'emportement brutal de la passion, du moins par une habitude sensuelle, une dépravation usuelle et pratique plus puissantes et plus durables que les caprices passagers de l'imagination, l'homme du Midi a corrompu et gâté, dénaturé, en quelque sorte anéanti la plante féminine, si frêle et si délicate. Il l'a mise en serre chaude; il a hâté son développement; il a précipité l'éclosion de la fleur pour la briser plus vite.

Dans les climats orientaux, la femme est esclave. Elle règne sur les sens de l'homme, elle est la préoccupation et le besoin de tous les instants, le complément et l'aboutissement de toutes les existences, et pour se venger de cette adoration matérielle, de cette sujétion fatale de la chair et des appétits, l'homme la soumet à l'asservissement le plus complet, la condamne à la plus irrémédiable dégradation ; il la tient enfermée, il l'exile du monde extérieur, et, en même temps, il la déclare exilée à tout jamais de la patrie céleste. Être inférieur, être vicieux, incomplet et funeste, infirme et fatal, il lui ferme les portes, il lui interdit les jouissances de la vie immortelle. Il en fait un objet de nécessité première, un accessoire indispensable, et aussi un objet matériel, un vain instrument qu'on peut rejeter après l'usage.

Ni la femme ni l'amante n'existent au pays de la civilisation primitive. Le caractère polygamique du mariage, la précocité extrême des accouplements, la connexité presque complète de l'enfance et de la procréation ne laissent même qu'une faible place à la mère. Elle procrée trop tôt et trop abondamment; elle élève trop peu, elle donne à l'enfant une trop faible part de son être pour s'attacher à lui et pour se sauver par lui. D'ailleurs, que pourrait-elle lui donner, avec quels éléments pourrait-elle constituer cette maternité morale qui est la plus chère et la plus intime des créations? Quand l'enfant passe de son sein dans ses bras, elle-même n'est qu'une enfant par l'âge et par l'éducation. On a évité soigneusement de lui inculquer aucune notion supérieure; on a volontairement atrophié chez elle la pensée qui demandait à prendre son essor; on a étouffé sous le poids de la nubilité physique, ardente et précoce, toutes les facultés mentales, toutes les aspirations un peu hautes. La femme est restée esclave et instrument; jouet adulé et caressé, quand elle est jeune; servante méprisée quand elle passe cette maturité aussi soudaine que la tombée de la nuit sous le ciel oriental.

En principe, pour l'homme du Midi, le mariage n'existe ni comme sacrement religieux, ni même comme sacrement moral. L'union charnelle demeure le résultat définitif comme elle a été le but immédiat. Quant à chercher chez la femme une compagne spirituelle, ou, plus simplement, une associée dans l'opération complexe de l'existence, l'Oriental n'y pense même pas. Il se croit trop en dehors, trop au-dessus de la créature féminine pour lui demander l'appui d'un conseil, — ou la charité d'une plainte. Et, par un juste retour, cette concentration de tous les instants, qui n'est que la profondeur de l'égoïsme, atteint la race dans son essence intime, la conduit au degré extrême de l'abâtardissement, la condamne à la léthargie de la civilisation turque, à l'immobilité de la civilisation chinoise, l'arrête court dans son développement moral, tandis que, physiquement, elle appauvrit le sang et détruit toutes les facultés créatrices étrangères à la pure animalité.

XVII

LA FEMME A TRAVERS L'HISTOIRE

En frappant la femme d'une condamnation irrémissible, l'homme du Midi s'est frappé lui-même ; il a prononcé sa déchéance et marqué sa race du sceau fatal. Dans le Nord, au contraire, a grandi et s'est affirmé, comme la plus haute des vérités psychologiques et, en même temps, comme la plus salutaire des lois sociales, le culte de la nature féminine.

On peut suivre la transition à travers les climats. Simplement respectée en Grèce, tenue longtemps à l'écart dans l'ombre du gynécée, trop étroitement confinée dans les soins matériels du ménage, la femme athénienne laisse forcément à la courtisane le charme élégant, les séductions toutes-puissantes de la communion spirituelle. L'hétaïre grandit, les Aspasies complètent les Périclès et font flotter dans l'histoire un pan de leur robe de pourpre, tandis que l'épouse garde le logis, file la laine et soigne les enfants.

C'est la courtisane, l'étrangère, la fille de Smyrne ou de Lesbos qui tient le sceptre de la vie mondaine ; c'est elle qui préside aux relations sociales. Anomalie singulière qui dénote au sein de la civilisation un manque d'équilibre à peu près irrémédiable. Et, en effet, quand le progrès des mœurs amène l'épouse au partage des prérogatives masculines, ce progrès se change vite en un relâchement général. Mal préparée par un siècle d'annihilation et d'exil à l'intérieur, la femme athénienne s'initie trop brusquement à l'existence de grand jour ; elle tombe dans l'excès ; de son état d'effacement et d'inertie, elle passe sans transition à des prétentions despotiques, à une sorte de tyrannie sociale, universelle et délétère, réaction trop naturelle après les langueurs de la servitude conjugale.

Dans le monde romain, sous un climat déjà tempéré, au milieu d'un état social à la fois plus brutal et plus viril, la femme commence par les grands rôles, les rôles historiques et sévères. Elle n'est pas l'amante ; elle est la matrone et la mère, l'honneur du foyer domestique. Elle ne commande pas, mais elle conseille, elle exécute, elle est le centre vivant de la famille. C'est elle qui élève les enfants dans le culte de la patrie, dans les idées de devoir et de dévouement et aussi dans les idées plus étroites de la supériorité romaine et patricienne.

On voit quelle tâche sociale lui incombe au sein même d'une condition modeste en apparence et restreinte à la faible enceinte de la maison de Brutus ou de la chaumière de Cincinnatus. Aussi cette épouse d'un rude laboureur ou d'un soldat brutal, cette compagne d'un demi-barbare apparaît-elle dans l'histoire transfigurée en quelque sorte, enveloppée d'une auréole de grâce austère et de noble sérénité qui n'exclut pas le charme délicat et la poésie pénétrante. On se figure sans peine avec le poëte :

> ..... ce qu'au pays Latin,
> Furent, dans la fraîcheur de leur jeune matin,
> Les Fausta, les Albine au pur sang consulaire
> Et combien Cornélie, à vingt ans, devait plaire.

La femme romaine a encore un rôle religieux ; elle est la vestale, l'holocauste mystérieux, le symbole virginal offert en sacrifice à la Divinité. Elle habite alors une sphère supérieure; elle a le respect et l'hommage de tout un peuple, la première place au théâtre. Fait remarquable dans un pays de centralisation immédiate et d'organisation puissante, elle est un des pouvoirs de l'État.

Mère ou vestale, prêtresse du culte national ou de l'idéal républicain, la femme romaine, avec sa mission circonscrite, ses convictions étroites et farouches, son obstination de patriotisme, et ses légendes, garde le seuil du monde latin, statue du devoir aux lignes nobles, aux formes pures, drapée dans la tunique de laine, sévèrement voilée comme la veuve de Germanicus. Mais ce qu'elle porte dans ses bras, ce ne sont pas les cendres d'un héros, c'est la couvée héroïque des fils de Romulus, la race des vainqueurs de la terre.

Grandeur passagère. A peine la domination romaine a-t-elle touché la rive du monde oriental, que tout change avec les dépouilles de la Grèce, les trésors de Syracuse, les marbres de Corinthe et tout ce butin artistique entassé par Mummius dans ses chariots de triomphe, richesses d'abord incomprises et bientôt punition vengeresse de la race opprimée. Le fléau du luxe s'introduit à Rome et commence la décadence latine.

Les femmes deviennent le premier instrument de la contagion ; elles s'émancipent presque subitement, elles rejettent les traditions glorieuses des Cornélie et des Lucrèce ; elles entrent dans le courant nouveau avec une fougue d'emportement qui l'active et qui ne tarde pas à entraîner la société tout entière. Les meubles précieux, les marbres rares, les toilettes somptueuses, les chars étincelants de dorures, la domesticité brillante et ruineuse de l'appareil asiatique, s'introduisent dans la maison du patricien, et la plébéienne elle-même veut avoir ses esclaves grecs, ses robes de pourpre trois fois teinte et le reste du décor.

En peu d'années la contagion fait de tels progrès que la matrone n'a plus rien à envier à la courtisane, ni son luxe abondant, ni les moyens faciles de se le procurer. Le césarisme triomphant et l'asservissement complet du monde, le fait double et harmonique de la solitude établie au forum par la chute de la République et de la paix assurée par la victoire universelle des aigles romaines, en détruisant toute l'activité de la race, en lui enlevant tout prétexte de se mêler aux affaires politiques, toute occasion de dépenser son énergie dans les luttes du dehors, la poussent dans les bras de la femme. Et c'est là que s'abâtardissent ces derniers descendants des Gracques ; c'est là que se concentrent le luxe furieux et les molles dépravations du Bas-Empire.

Peu célébrée par la poésie des premiers âges, et même de l'âge de transition, saluée plutôt que chantée par Virgile comme épouse et comme mère,

> Incipe, parve puer, risu cognoscere matrem!

la femme entre en pleine possession de la poésie de décadence. Elle encombre les anthologies, elle est la matière inépuisable des madrigaux et des épigrammes, des allégories galantes et des satires outrées; elle a ses chevaliers et ses défenseurs, ses adorateurs et ses ennemis. Elle est la vignette élégante qui sert de couverture à toute la confiserie préhistorique des *poetæ minores*. Et elle n'échappe à ce déluge de formules toutes faites que pour rencontrer le fouet de Perse ou de Juvénal; tantôt noyée de fadeurs, tantôt fustigée jusqu'au sang ; au demeurant un objet nécessaire et banal, un fléau inévitable dont les fous s'amusent, que les sages supportent et dont les misanthropes se vengent à force d'insultes.

Fléau et victime à la fois, dans cet abaissement graduel, où s'effondre tout ce qu'elle touche, où tombe en poussière tout ce qu'atteint sa désastreuse influence, la femme ne sait à quoi se rattacher ; elle-même manque d'appui et de ressource ; elle périt en pleine victoire. Morte à la chasteté, à la pudeur, aux joies austères du foyer conjugal, elle n'est pas encore née à l'amour.

Ce que nous entendons aujourd'hui par ce mot d'amour, l'idéal complexe d'aspirations et de satisfactions qu'il représente, est lettre close pour le monde antique. Parcourez les poésies galantes de la génération impériale, et jugez. En dépit des artifices de langage, des formules et de la rhétorique usuelle, tout conclut brutalement à la jouissance pure, à l'animalité basse et vulgaire. C'est une sagesse toute pratique, une théorie spéciale s'appuyant sur la courte durée du plaisir et de la jeunesse, sur la nécessité de bien employer l'une et de saisir l'autre au passage. Le teint frais, la peau blanche, la santé robuste des appétits n'ont qu'un temps : il faut en profiter avant que sonne l'heure des rides, avant qu'un sang plus lourd ne s'attarde dans les veines et que des fils d'argent ne se glissent dans cette chevelure dorée dont Lydie est si fière.

L'amour n'est pas le calice inépuisable où l'on doit boire éternellement à deux, où joies et douleurs, plaisirs et sacrifices doivent se fondre et s'harmoniser dans une saveur idéale ; c'est la coupe banale qu'on vide et qu'on jette après l'ivresse éphémère du souper.

Dénaturée, déclassée par les mœurs, à mesure que la femme devient un fléau, elle devient aussi une puissance par les lois. Elle est héritière ; elle détient une partie de la fortune publique ; elle asservit, grâce aux biens dont elle dispose, aux unions qu'elle peut contracter en se réservant la disposition des biens conjugaux, une fraction importante de la population masculine. Les matrones dominent, commandent, deviennent les plus absolues et les plus cruelles des maîtresses pour leur domesticité et pour leurs maris.

Avec leur dépravation grandit leur indépendance ; elles glissent de l'adultère aux vices les plus bas et toutes les Vénus ont leur culte dans le palais de la patricienne. Elles peuvent descendre sans crainte au dernier degré de la corruption, les lois sont impuissantes contre elles, et, quant au sentiment public, il s'atrophie chaque jour, il s'enfonce dans une lâcheté générale qu'on traite hypocritement de résignation philosophique. Les esprits encore honnêtes, les âmes saines échappées à la déchéance générale, n'ont plus qu'une ressource et qu'un courage : la fuite.

Pour guérir de cet écœurement profond, pour s'arracher au fléau féminin, on part, on quitte Rome, on abandonne la cité où se presse le double cortége des matrones et des courtisanes, monde étrange, ondoyant et mêlé dans les familiarités du vice ; on fuit au désert. Et toutes ces merveilles de la civilisation romaine, tout ce décor extérieur de la prospérité impériale aboutissent à la Thébaïde.

L'ancien monde s'écroule sous les coups répétés des invasions barbares ; les arts, la civilisation, tout disparaît à la fois. Et, dans cet immense effondrement, sur les ruines amoncelées de la Rome des Césars, à la clarté de la tempête, sous les rayons de la foudre, refleurit la plante délicate et divine : l'humanité retrouve la femme.

Phénomène complexe dont on n'a jusqu'ici indiqué qu'un seul côté. On a fait — avec justice — honneur au christianisme de cet immense progrès moral. La part de la doctrine catholique dans l'émancipation de la femme est, en effet, considérable. Mais il faut remarquer combien cette influence salutaire est restée stérile pendant les premiers siècles. Pour qu'elle se développât, pour qu'elle donnât ses résultats naturels et nécessaires, il fallait l'arrivée des races barbares, la combinaison des mœurs septentrionales et de la foi nouvelle.

C'est ici que se révèle et que s'affirme avec une force spéciale le caractère des peuples du Nord, si respectueux de la femme, toujours prêts à la placer sur un autel : race celtique imbue du culte druidique, race germaine trouvant aussi dans sa mythologie particulière, comme dans ses traditions sociales, le double sentiment de l'amour et de la maternité. La doctrine catholique devait s'harmoniser merveilleusement avec cet état des esprits ; la théorie latente allait se dégager tout entière et entrer promptement dans la pratique.

De cette fusion date l'ère moderne, qui est, à proprement parler, l'ère de la femme. L'élément féminin y a joué un tel rôle qu'il est à peine besoin d'en indiquer les grandes lignes. Du moyen âge à la Renaissance, du XVIe siècle à la période révolutionnaire, ce sont les femmes qui ont le plus contribué à l'exaltation des hautes idées. Elles ont sauvé la civilisation du chaos de l'époque carlovingienne ; elles ont réveillé au sein des cours d'amour un écho de l'antiquité littéraire ; elles ont inspiré la chevalerie, décidé les croisades, complété la Renaissance, et ce flot de l'influence féminine qui vient battre le pied du XIXe siècle a apporté avec lui toutes les semences fécondes dont l'humanité fait sa moisson.

XVIII

L'ISOLEMENT MORAL

Voilà le rôle historique de la femme. Elle apparaît à l'horizon de l'humanité comme la Pandore mythologique tenant dans un pli de sa tunique tous les biens et tous les maux, pouvant d'un seul geste répandre sur le monde la rosée bienfaisante des idées de paix, de conciliation, d'amour, ou déchaîner le fléau des corruptions irrémédiables.

Cette situation dominante, cette faculté double qu'a eues la femme à toutes les époques de l'histoire, elle les possède encore aujourd'hui. Au sortir d'une période révolutionnaire qui a bouleversé l'échelle sociale, changé l'ordre hiérarchique des autorités, l'influence de la femme s'est retrouvée tout entière. Elle est restée le premier pouvoir d'ici-bas ; elle garde le secret du siècle, et, comme elle a fait la déchéance, elle peut faire le relèvement.

Nos destinées sont dans ses mains, mais, en revanche, son avenir est dans les nôtres. Si c'est la femme qui domine la société et qui la dirige, les femmes n'en sont pas moins soumises aux lois sociales ; c'est de là qu'elles procèdent, et, par une juste réciproque, une société qui a des lois fausses, des méthodes vicieuses, une organisation incomplète, s'atteint elle-même en corrompant l'élément féminin ou en le laissant corrompre.

Depuis plus de vingt ans est posé le problème de la régénération féminine, et, les moralistes de tout ordre, les chroniqueurs de toute catégorie ont étalé leurs solutions au grand jour. Tout un vol de chimères s'est abattu sur la presse; un tourbillon de fantaisies, d'utopies et de déclamations est venu obscurcir la plus délicate, mais en même temps la plus simple des questions sociales.

Des gens d'esprit ont présenté le diplôme médical comme le salut de l'espèce et soutenu cette théorie particulière qu'un peuple de sages-femmes pouvait seul régénérer le pays. Des philosophes aussi éclectiques que résignés, trouvant moyen d'être optimistes au sein du pessimisme le plus absolu, ont conseillé de ne rien faire et de laisser le monde finir dans un suicide doux. D'autres moralistes, apparemment plus pressés, ont proposé de tuer la femme déchue. Remède violent, chirurgie brutale, acceptables cependant s'ils ne constituaient une véritable pétition de principes et ne supprimaient les éléments du problème au lieu de les combiner.

Tout ce qu'on a écrit dans ces derniers temps sur l'éternel féminin conclut à l'exaltation ou au châtiment, au mépris ou à la vengeance; tout aboutit au présent immédiat, au résultat irréparable et fatal. C'est plus loin et de plus haut qu'il faut reprendre la question. Avant d'être un monstre ou une idole, la femme est un enfant, germe précieux qui pourrait contenir le salut, comme il a contenu jusqu'ici la déchéance.

Le mot de l'avenir est dans l'éducation; c'est de ce côté que tout reste à faire, et l'on ne fera rien si l'on ne pose en principe, si l'on n'admet comme une vérité radicale que l'enfant contemporaine, que la jeune fille ne reçoivent pas une éducation sérieuse, — tout au plus une instruction.

On les instruit, on leur donne ces mille connaissances superficielles, ces arts d'agrément, ces banalités luxueuses, ces raffinements frivoles qui en feront, au sein de la société, des châsses vivantes, bonnes à porter des robes crème, à se mettre en quart de peau, ou à jouer sur le piano telle polonaise de Chopin, serinée dix mois par le professeur. Elles ont les dehors brillants, l'élégance facile, une rare souplesse à se mettre au niveau de tous les luxes, un goût vif pour la représentation, pour le gros décor, des appétits de strass, des instincts de cabotines avortées. Aucune science de la vie, aucune notion pratique, tout juste ce qu'il faut de grâce rapide et de légèreté vagabonde pour glisser à la surface de l'existence jusqu'au premier précipice.

Dans notre pays, qu'on accuse à l'étranger d'être la patrie du matérialisme et qui semblerait cependant bien rapproché de l'idéal par son dédain des méthodes pratiques, il y a une chose encore moins comprise que l'éducation des jeunes gens, c'est l'instruction des jeunes filles.

Qu'on les élève en serre chaude, qu'on leur inculque à la hâte tous les détails du programme usuel, ou qu'on les laisse traîner, mûrir prématurément dans l'atmosphère lourde du pensionnat, fatalement exposées aux corruptions lentes de la journée oisive, le résultat est le même : un bagage encombrant, des minuties, des frivolités, aucune notion répondant aux tendances natives, aux aspirations innées de la femme, aucune idée pratique commençant cette sympathie intellectuelle qui doit être la première dot apportée par l'épouse à l'époux.

De part et d'autre, on élève les deux sexes pour vivre séparés. Aussi qu'arrive-t-il lorsqu'ils se trouvent réunis même dans le milieu banal des relations usuelles?

Jadis, la causerie était à la fois le grand attrait et la grande puissance du salon; l'art de causer est perdu depuis longtemps déjà chez nous, non que l'esprit ne soit aussi vif, aussi primesautier qu'autrefois, mais on ne sait plus écouter et par conséquent on on ne sait plus répondre. Quand trois personnes sont réunies, il y en a toujours une qui débite son monologue pendant que les deux autres préparent le leur. L'envie de briller, de poser (un vilain mot et une vilaine chose) le désir de se faire remarquer ont singulièrement modifié les relations sociales. Un lien manque donc aux esprits délicats et cultivés, aux gens de goût de cette compagnie aimable, polie, intelligente, qui ne fait pas défaut à notre temps, nous aimons à le croire, mais qu'on soupçonne à peine, parce qu'elle vit dispersée faute de centres de réunion. Dans l'ancien régime tout au contraire, le salon, tel qu'on le comprenait, réunissait un certain nombre d'hommes et de femmes qui se connaissaient, se convenaient et se préoccupaient moins de briller que de se distraire, et surtout de s'instruire. C'était une sorte de tontine intellectuelle où l'on se risquait au petit bonheur, et où l'esprit se recrutant à la ronde, se multipliait par le contact. On échangeait ainsi le pain et le vin de la communion spirituelle.

Aujourd'hui quand on entre dans un salon, qu'y voit-on tout d'abord? quinze femmes sur vingt personnes; et encore les cinq fidèles appartiennent-ils la plupart du temps à d'autres mœurs, à un autre siècle. Les jeunes gens ne font qu'apparaître et passer. Que viendraient-ils chercher dans ce milieu étranger? Des ignorances, des étonnements, peut-être des antipathies réciproques. Ils s'abstiennent, et l'abîme creusé par l'éducation s'agrandit encore par les mœurs.

Le mal qu'on retrouve partout, le remède

qu'on cherche toujours, sont là et non ailleurs. Il ne faut pas se contenter d'instruire la femme, de lui faire raffiner stérilement et sottement les détails du programme banal, si l'on veut renverser cette digue formidable qui sépare deux courants faits pour s'unir et pour se confondre. Il faut dès l'enfance aider au développement des facultés naturelles, délier les ailes de l'idéal et montrer à la femme le but, la fonction supérieure, le foyer conjugal, la maternité, non-seulement comme le premier des devoirs, mais aussi comme le plus indispensable des achèvements. Au lieu de détourner la coquetterie du sexe sur les mille futilités dont se compose aujourd'hui une éducation aristocratique, il faut faire comprendre à l'enfant que la véritable beauté de la femme, la splendeur physique et morale coïncident étroitement avec l'accomplissement du devoir. Il n'y a pas de beauté en dehors de l'ordre ; et, au sein de l'harmonie universelle, toute infraction aux lois de la Providence est plus qu'un crime, c'est une laideur.

Voilà ce qu'on doit apprendre à la jeune fille. Si cette vérité ne lui apparaît pas dès la première heure dans les lueurs rosées de l'intelligence qui s'éveille, l'éducation est manquée, la femme restera incomplète. Quoi qu'il arrive, quel que soit son rang social, elle sera déclassée.

Déclassée de son rôle, déclassée de sa beauté, déclassée de sa force. Toute dépravation est une diminution, et la femme déchoit doublement qui oublie sa mission providentielle. Chute profonde, chute irréparable ! Ah ! si les femmes comprenaient où les mènent les adulations intéressées, les servilités niaises, tout cet appareil minutieux dont on les entoure pour les abaisser plus sûrement ! Si elles voyaient leur rang dans la société contemporaine et le genre d'utilité pratique auquel les a réduites la stratégie masculine : encensées, caressées, tenues à l'écart, ou plutôt maintenues en dehors de la vie morale, ne comprendraient-elles pas qu'elles descendent fatalement au rôle de la femme asiatique, qu'elles ne sont plus qu'un instrument de plaisir, un aboutissement voluptueux?

L'isolement, voilà le premier mot du siècle et aussi le dernier mot de la civilisation contemporaine. La femme meurt d'isolement moral, et, quand elle aura atteint le dernier période d'épuisement, quand elle ne comptera plus que comme une vaine expression anatomique, alors ce sera la fin du monde dans le suicide déjà commencé de l'amour solitaire.

FIN

TABLE

IMPRIMERIE CENTRALE DES CHEMINS DE FER. — A. CHAIX ET Cie,
RUE BERGÈRE, 20, A PARIS. — 15230-6.

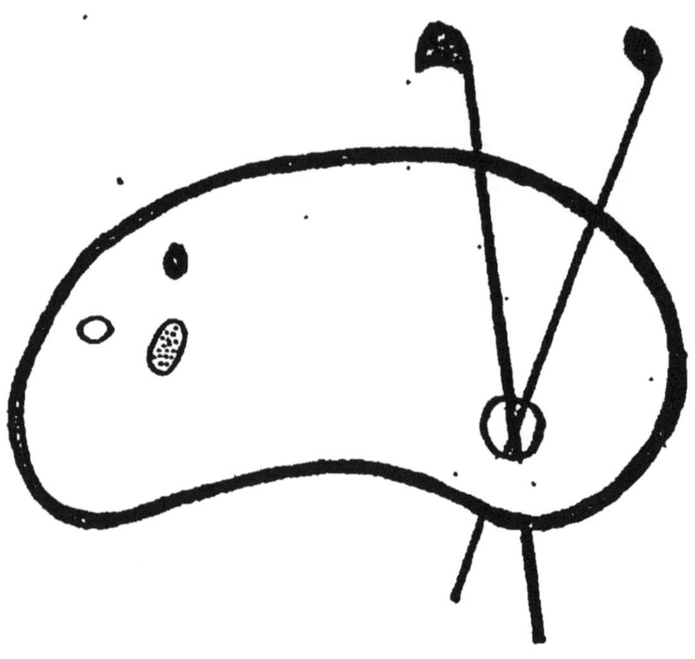

www.ingramcontent.com/pod-product-compliance
Ingram Content Group UK Ltd.
Pitfield, Milton Keynes, MK11 3LW, UK
UKHW020314230726
13925UKWH00002B/410

9 782013 656122